新零售

王大国◎著

天津出版传媒集团

天津人民出版社

图书在版编目（CIP）数据

　　新零售 / 王大国著 . -- 天津：天津人民出版社，
2018.11

　　ISBN 978-7-201-14234-0

　　Ⅰ . ①新… Ⅱ . ①王… Ⅲ . ①零售业－商业经营－研
究 Ⅳ . ① F713.32

　　中国版本图书馆 CIP 数据核字 (2018) 第 251959 号

新零售

XIN LINGSHOU

王大国　著

出　　版	天津人民出版社
出 版 人	黄　沛
地　　址	天津市和平区西康路 35 号康岳大厦
邮政编码	300051
邮购电话	（022）23332469
网　　址	http://www.tjrmcbs.com
电子信箱	tjrmcbs@126.com

责任编辑　谢仁林
装帧设计　崔　欣　张合涛

制版印刷　艺堂印刷（天津）有限公司
经　　销　新华书店
开　　本　710×1000 毫米　1/16
印　　张　16
字　　数　188 千字
版次印次　2018 年 11 月第 1 版　2018 年 11 月第 1 次印刷
定　　价　68.00 元

前 言

PREFACE

新零售，财经阵营里的新网红

2016 年，马云作为互联网购物的发起人、阿里巴巴集团董事会主席，他在云栖大会上首次提出了"新零售"的概念。即：企业以互联网为依托，通过运用大数据、人工智能等先进技术手段，对商品的生产、流通、销售与售后退赔付服务过程进行升级改造，进而重塑业态结构与生态圈，并对线上服务、线下体验以及现代物流进行深度融合的零售新模式。

负责将新零售的核心落实的，是阿里巴巴集团 CEO 张勇先生，他对"新零售"将会给城市带来的新体验信心十足，体现这一点的是"盒马鲜生"。

作为新零售模式的创新样本，在 2017 年这个特殊的新零售伊始年，盒马鲜生有了不俗的表现。从改造、资本竞逐布局，再到线上线下的融合，盒马鲜生让众人看到，新零售正悄悄地激发消费者的消费激情，一场中国零售业与传统商业形态角逐正在徐徐展开。

2017 年 4 月 26 日，阿里巴巴集团宣布正式启动"新零售之城"。盒马鲜生作为新零售的创新样本，同时在上海、北京、西安、苏州、南京、杭州、成都、深圳、武汉和广州等十个城市展开。这些城市较为富有活力，对于新鲜事物的接受能力较强。

新零售一经展开，就在这些城市中形成了热烈反响，这些活力满满的经济区域迅速将新零售推向人群中间，继上述城市之后，天津、福州等地也迅速加入了"新零售之城"，一场声势浩大的城市变革之风正在悄悄席卷全国。

加入新零售的城市与城市之间，也在进行着一场看不见硝烟的战争。在新零售元年，各"新零售之城"皆有心称当"新零售之都"。DT 财经发布的《2018 中国新零售之城报告》中，分别从消费者参与度和企业活跃程度等作为切入点，对各城市的新零售发展状况进行了详细的研究和调查，以此作为"新零售之都"的竞选标准。

其中，上海以突出的表现位列榜首，有望成为"新零售之都"，而北京和杭州、深圳也表现不俗，纷纷加入"新零售之都"的激烈角逐，城市与城市之间的竞争在有序进行着。作为"新零售之城"大战的亲历者，我们见证了大数据、商业变迁、时代变化和新技术给人们的生活带来的一系列改变。

新的体验正在以不可抗拒的力量席卷着整个城市，也在悄悄改变着人们的工作和生活。在即将到来的天猫 6·18 购物节也将作为新零售商业模式的展示台，向人们展示着新零售商业的力量，新零售将会给人们带来不一样的消费体验，也会以坚不可摧的力量改变着城市生活的每一处细节。在历史的长河中，从来没有哪一种商业力量能够像新零售这样激烈、活跃、坚不可摧。

目 录

CONTENTS

Chapter 1

新零售，消费者的主权时代

根据最新统计数据显示，2018 年第一季度，我国消费支出对经济增长的贡献率达到了 77%，这表明，消费支出已经成为中国经济的压舱石。在过去的 5 年里，消费在经济增长中占据了越来越大的份额，消费对经济的贡献率也从原来的 54.9% 提高到了 58.8%，在增长的消费中也伴随着新兴消费事物的兴起和人们对生活质量要求的增高。其中，网上零售额每年平均增长 30% 以上，高于社会消费品零售总额的增长率 18.7%。在消费增长的背后，其实是传统零售业和线上销售较量的结果。

新的人货重组带来新的升级

　　在过去的十年中，传统零售遇到了线上零售的冲击，以地段为核心的传统零售业不再具有优势，在电商快速发展的十年里，线上销售聚焦了诸多消费者，在这十年里，曾经的一代铺三代富，到今天的一铺负三代，传统商业渠道纷纷迎来关店潮，客流量也受到线上销售的冲击而减少。

　　线上渠道经过十年的蓬勃发展也遭遇瓶颈期，急需寻求新的突破口。如此，通过新的人货重组，新零售将给线上线下带来新的升级，零售行业将进入"消费者主权时代"。

一、"盒马鲜生"的启示

根据统计显示，2017 年上海居民的人均可支配收入为 58988 元，位居全国城市榜首。作为"新零售之都"，在上海市民消费中，服务型消费占总消费的 50%，并且有持续上升之趋。在这场"新零售之都"的争夺战中，上海拥有的 15 家盒马鲜生门店表现不俗，除了生鲜等，以盒马鲜生为代表的 3 千米生活圈内居民轻松实现线上下单，半小时之内免费送达的新零售模式也在日益完善。

以盒马鲜生为样本的新零售的创新模式，背后是一系列供应链的严密整合，全国甚至全球的人们都可以享受到优质商品一键购买的便利，随着新零售模式的稳步进行，越来越多的人将享受到新零售模式带来的便利，而越来越完善的新零售系统也将更多地融入人们日常生活中。一场新的商业变革正在影响我们生活的方方面面。

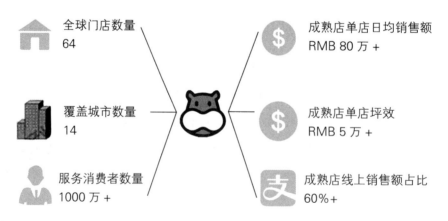

截至 2018 年 7 月 31 日盒马鲜生经营业绩

资料来源：前瞻产业研究院整理

武汉的藕带是一种深受人们喜爱、且对保鲜要求极高的食材，过去人们要想吃到新鲜的藕带只能前往当地品尝。而随着盒马鲜生的出现，这一难题被瞬间打破。4 月 28 日，武汉第一家盒马鲜生开业，产品搭乘了盒马鲜生严密的供应链，从刚出水到送上上海市民的餐桌，全程采用冷链低温保存，藕带的颜色都未有改变，赢得了消费者的赞赏。而这种少有人知的产品，在入沪 3 天后供应量便增长了 226%，颇受人们欢迎。在杭州和其他地方，盒马鲜生也赢得了人们的一致好评。

二、新零售下的天猫老字号

新零售模式也贯穿着北京这座城市，2017 年 9 月，天猫推出了"天字号"计划，即以新零售模式帮助中华老字号复兴。

根据有关部门统计显示，经过商务部认定的中华老字号共有 1128 家，在天猫"天字号"计划启动后，有 600 多家已经入驻天猫。天猫的大数据显示，现在的年轻人对老字号的消费欲望呈现上升趋势，老字号需要作出迎合年轻人的改变，创新出符合年轻人消费习惯的产品便会迎来更加广阔的市场。

以北冰洋汽水为例，据相关负责人透露，该产品的玻璃空瓶回收困难，针对这个问题，天猫的小二对北冰洋汽水的新品提出改变包装的建议。北冰洋汽水据此研发了 PVC 包装，新包装的新品 2018 年 6 月份在天猫首发，很好地解决了空瓶回收困难的问题。除了包装上的改变之外，很多老字号例如王致和这样的老字号，也根据年轻人的喜好，推出了木糖醇腐乳、淡香腐乳等颇受年轻人喜爱的品种。

根据天猫的大数据显示，"天字号"计划吸引了更多的消费者去购买老字号产品，2017 年同比 2016 年的销售量增加了 170%，销售额则同比增加了 190%，高峰期的销量较平时增加了 12 倍之多。

随着新零售的崛起，上海成了名副其实的购物之城。2017 年，在天猫平台上共有 20 万个品牌发布了 1200 万种商品，同时有超过 100 个品牌和天猫进行了线上线下的同步活动，这些活动中有超过三成选择在上海举行。

根据大数据分析，2018 年将有超过 150 个品牌和天猫合作进行线上线下同步活动，这些活动中将有超过四成选择在上海举办，其中包括星巴克、oysho、奥利奥、中国移动、娇兰、ZARA home、华为、大疆等海内外知名品牌。

阿里巴巴集团参谋长曾鸣说："新零售的本质，是新技术的驱动。数据成为未来最重要的生产资料，算法则是未来最重要的流水线。"通过大数据，每一个品牌的 top10、top20 直接上架，避免了客户选择痛苦，很显然，新零售其实就是一场技术的升级革命。

三、新零售下的美食店

美食也是可以和新技术结合的。从四川到上海旅游的张小瑶就体验了一把星巴克臻选上海烘焙坊。这家由阿里巴巴和星巴克同时打造的臻选工坊，自 2017 年 12 月开业以来，前来体验的客户络绎不绝，现在仍然需要排队才能进入。这家新零售的智慧门店里，整个店里没有餐牌，人们点餐需要使用手机淘宝的"扫一扫"功能，进行菜单功能查询和点餐，并通过AR（增强现实技术）增强现实感直观感受吧台、冲煮器具等细节，全程高科技感爆棚，深受年轻人喜爱。

AR技术是由阿里巴巴人工智能实验室自主研发的，投入到星巴克智慧门店中使用，未来这种技术可能会运用到更多的线下商圈。星巴克的董事会执行主席霍华德·舒尔茨曾表示，这是星巴克历史上第一次使用增强现实感的AR技术，为用户带来了线上线下无缝的连接体验。

专业人士说："新零售的核心，其实就是以数据为中心的整个产业链的整合，通过这种整合提高整个社会经济运行效率的商业模式。"

新零售解决的是供应链的连接问题，即连接供应端和销售端，在整个过程中，消费者可以使用同样的钱购买更多的商品，在这种新零售模式的推动下获得更好的消费体验。

而消费升级的背后其实是效率的提升。以2018年天猫6·18购物节为例，新零售的体验将会遍布更多的范围，使得新零售体验进一步放大。天猫平台营运事业部的总经理刘博透露道："天猫新零售打通线上线下，让全球的品牌好货变得触手可及，优惠力度也超出想象，全面的服务保障与更快的送货速度，更会让整体的消费体验大幅升级。"

从6月1日到6月20日，消费者在天猫、银泰、盒马鲜生、大润发，以及线下商圈与品牌门店，可以同步参与天猫6·18购物节活动。这意味着人们可以通过天猫6·18平台用更少的钱买到心仪的商品。

3681万个就业机会：用喜欢的姿势赚钱

新零售带给人们的不光是购物时的丰富和便捷，同时也为人们提供了不一样的赚钱方式。人们不再依赖于传统的职业为自己谋取利益，新零售带给人们更多施展拳脚的机会，"90后"可以选择自己喜欢的方式赚钱。

据《中国电子商务发展报告（2017年）》显示，2017年我国电子商务就业人员达到4250万人，比上年增长了13%。这意味着，我国电子商务的就业人员中每100人就有87人来自阿里巴巴生态。阿里巴巴不仅仅为创业者提供了大量的就业机会，还创造了很多史无前例的新工作、新岗位，对解决社会就业做出了巨大贡献。

一、新零售的新兴就业岗位

以盒马鲜生为例，作为新零售界的"网红"，来自全国各地的 46 家盒马鲜生店为人们提供了 1 万个就业岗位。菠菜（化名）就是其中一位。菠菜的工作地址是盒马鲜生的十里堡，她的工作职位叫做"小盒同学"，作为店里唯一的一位"小盒同学"，她时常在不同的角色中不断切换着，她一会儿是售后的服务人员，为各种客户解决售后难题；一会儿是盒马鲜生的主播，和网友进行互动；一会儿是店里的试吃人员，对店里新上的食品进行试吃给出意见；一会儿又是社区的管理人员，为网友发放各种福利和优惠。

菠菜说，研究生毕业后她在一家科技媒体上班，工作还算不错，可是她并不喜欢每天坐办公室的日子。对比以前，自己更喜欢在盒马鲜生的工作，在这里可以接触到很多网红店和网红，还可以挑战更多的新事物，很有意思。

"但是也有不好的地方，"菠菜苦恼地说道："因为经常试吃，从上班以来我已经胖了 10 斤了。"

"铁唇哥"李佳琦也是新零售圈的传奇人物。他原本是欧莱雅的彩妆师，后来一次偶然的机会，因为淘宝和欧莱雅推出的"BA 网红化"计划，选择 200 人作为网红 BA 培养，李佳琦脱颖而出，成为了一名直播网红。

李佳琦在直播中教大家如何化妆，凭借着以前的专业经验，他的直播观众渐渐多起来，从最初的 200 人扩展到 500 人，又从 500 人扩展到2000 人，再扩展到 2 万人。这个业绩很不错，但其中的艰辛或许只有李佳琦自己知道。

他说自己除了有一次发高烧休息 7 天外，其他时间从未停歇，他在直播中曾经创下 2 个小时试色了 380 多支口红的纪录，"铁唇哥"的名号也慢慢就传开了。如今，李佳琦的团队有 8 人，除 1 人是 "80 后" 外，其他都是 "90 后"，年轻的团队朝气蓬勃，付出和收获也是成正比的。团队成员多的时候可以获得 6 位数的报酬，根据李佳琦透露，2017 年他完成的销售额达到了 6000 多万元，团队的收益达到了 1500 万元以上。

二、新零售下新的就业机会

中国人民大学劳动人事学院发布了《阿里巴巴零售电商平台就业吸纳与带动能力研究（2017 年度）》报告，该报告显示，仅 2017 年，来自阿里巴巴零售业的就业机会就达到 3681 万个，除了电商的 1405 万个就业型机会外，还有 1733 万个衍生型的就业机会和 543 万个支撑型就业机会，这些就业机会来自阿里巴巴平台带来的电商、快递物流等环节。

互联网也在创造新的就业机会，其中就包括"机器人饲养员"这一创新职业。如果留心，大家可以发现，在淘宝使用越来越频繁、客流量越来越大的今天，淘宝小二客服却并没有出现因为流量的增多而服务质量下降的现象，这是因为由阿里巴巴自主研发的智能服务机器人"小蜜"在勤恳服务。而阿里"小蜜"的优秀表现同样离不开背后的"机器人饲养员"。

"机器人饲养员"诞生于阿里巴巴，服务于阿里巴巴，"机器人饲养员"的主要工作就是向机器人输入各种"养料"，让机器人能够准确迅速地理解人类的思想和意图，从而更高效地服务于人类，同时对商家的需求进行相应的匹配，并对大数据进行分析，学习更多的行业知识，使得机器人拥有更多更贴近完美的沟通技巧。

阿里"小蜜"之父赵昆预测："未来，基于淘系的'机器人饲养员'群体规模或将超过10万人，而10万人创造的价值可能相当于100万人甚至更多。"由此，我们可以预见，人才将是以后电商竞争的焦点之一。

上述报告也显示出电商人才缺口的问题，因为电商的飞速发展，能够走在时代尖端的人越来越少，导致战略性人才成了稀缺性的人才。除了战略性人才，电商的合伙人和新零售的复合型人才也成了紧缺人才，对于既懂得线上技术，又了解线下零售和实践的人才更是求之不得。

商业之手重塑城市

为了寻求更快更迅速的发展，上海全力打造了与阿里巴巴新零售体系的天猫、银泰、盒马鲜生、"饿了么"、口碑、菜鸟等发展战略高度契合的三年行动计划。而天猫也将继续在上海推进全球智慧门店，国货头部的智慧门店也将把上海作为首选进行落地。

一、线上下单，线下发货

天猫"1小时到达"服务全面覆盖上海，意味着广大百姓家庭的日用消费甚至一日三餐都可以通过天猫一站式解决。上海是盒马鲜生门店最多的城市，盒马鲜生将为上海市民提供 24 小时的生鲜配送到家服务。

"饿了么"将作为阿里巴巴新零售模式的基础设施推出 24 小时便利店服务，帮助上海市民更便利地享受生活。线下的"饿了么"还将帮助"梦花街馄饨""阿大葱油饼"等中华老字号重新开业，力求做到更好。

口碑是阿里巴巴打造的本地生活服务平台，这一平台汇聚了本地生活中的商圈、餐饮、泛行业三大行业，聚集了美食、美容美发和其他综合体，致力于打造 2 小时范围内的生活圈，目前上海开通口碑的商家已达 6 万多家。

目前菜鸟已经联手银泰，实现了天猫下单、就近发货的新零售模式，力争将人们的生活带入 2 小时生活圈内，令线上线下资源得以重组并高效展开。

二、新零售拉开智慧城市建设序幕

作为"新零售之都"，早在 2008 年，上海便成为第一个利用支付宝缴费的"吃螃蟹的人"。在那个还需要双腿跑路去缴费的年份，利用互联网就可以完成复杂的缴费过程，这种新模式让很多人赞叹不已。

而这一举动同时也拉开了智慧城市建设的新篇章，全国其他城市也纷纷跟进。如今，利用支付宝可以为移动、交通、医疗等 60 多项公共服务进行缴费。

高德地图在上海实行的利用交通大数据提取道路信息，完成信息共享，帮助交警提高工作效率的举措，也为智慧城市谱写了又一动人乐符。

三、角逐"新零售之城"

随着新零售的影响越来越广，除了北京、上海，杭州、成都、西安、天津和武汉等地也纷纷加入到"新零售之城"中来。

其中，西安创造了13小时盒马鲜生落户的新纪录，这也是为了响应王永康提出的"率先打造新零售示范之城"的指示。天津也积极地响应了新零售的概念，将和阿里巴巴合作推进"津门老字号"进入新零售，为老字号的振兴出一把力。武汉则不甘落后地提出了打造首座华中"新零售之城"的计划，各地也纷纷鼓励跟进新零售。

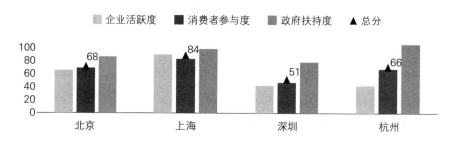

四座城市新零售指数比较

数据来源：DT 财经

四、"新零售之城"的本质

"角逐'新零售之城'的本质是城市竞争力的体现。"

北京大学光华管理学院教授张影认为新零售不仅仅是对传统零售模

式的变革，新零售实际上解决的是效率的问题。要想将新零售做好、做彻底，需要解决的有物流的配送时效问题、生产的效率问题、服务的质量和效率问题等，只有将每个环节做好，新零售的整体效率才会提升。

在未来十年，新零售将会成为城市竞争力角逐的一个关键，成为"新零售之城"，就是对城市未来十年的投资。

新零售的产生也将丰富大众的生活，对人们的生活方式、工作方式和出行方式等都会带来一场深刻的革命，也对今后人才的引进、电子政务等方面有着深远的影响。这一切的变化，究其本质，数据和技术将成为核心推动力。

数字经济研究院副院长、国际关系学院教授储殷认为，成为"新零售之城"的标准，首先就是数字经济的发展。伴随着新零售的展开，也必然会带动城市的消费升级，至此，"新零售之城"不再是单纯的数字经济的发展，深入的城市文化、城市的整体特质、人口的增长情况，等等，也都会成为"新零售之城"的参考条件。

Chapter 2

新零售概念，改变的不只是思维

"新零售"的概念，是马云于 2016 年在云栖大会提出来的"五新"战略中的一个，阿里巴巴 CEO 张勇将"新零售"阐释为："通过大数据和互联网重构'人、货、场'等商业要素而形成的新的商业业态。随着零售行业与电商的融合发展，新零售的含义在不断地丰富和衍生。"

何为新零售

2016 年 11 月，国务院办公厅印发了《关于推动实体零售创新转型的意见》。文件明确了推动我国实体零售创新转型的指导思想和基本原则，并且部署了强化政策支持、优化发展环境、创新合作方式等方面。其中最重要的一点，便是提到新零售线上线下融合的问题："建立适应融合发展的标准规范、竞争规则，引导实体零售企业逐步提高信息化水平，将线下物流、服务、体验等优势与线上商流、资金流、信息流融合，拓展智能化、网络化的全渠道布局。"

一、对新零售的定义

什么是新零售呢？新零售是指企业利用人工智能、大数据等先进科技，在互联网的基础上，对产品进行各个流程、尤其是流通和销售过程的升级。通过这样的手段，重塑业态结构与生态圈，并对线上服务、线下体验以及现代物流进行深度融合。

1.创建新零售的三大需求

据此可以预见，在未来，电子商务平台将会消失，线上线下依靠物流连接，产生新零售模式。

线下的销售门店或生产商，将会利用新物流减少自己的货物库存，将高效率进行到底。而电子商务平台的消失是指，商家将不再依托于天猫等平台，商家将拥有自己的平台，所有的体系都建立完全，能够支持如此。

举例：电商平台上都有着自己的店铺，产品却集中在线下销售，这是有局限性的，而要创建新零售，则需要满足以下几个需求：云市场，云平台和全域营销。

云市场，指的是商品生产者和商品消费者之间，有经济关系的集合体，它们分布在物联网中的不同地点。这些集合点通过相对集中的云平台资源，联合物联网感知各个节点信息资源的方式，去运行分布在不同地点的经济交换关系的集合。据专业人士分析，云市场在未来将会成为社会主流经济模式。

说到云平台，就不得不提到云服务。云服务分为三种，软件即服务（Software as a service，SaaS）、附着服务（Attached services）和云平台（Cloud platforms）。云平台专门提供基于"云"的服务，开发者可以利用它来创建软件即服务应用。每一家互联网大企业，都需要用到云平台。

全域营销，指的是传统营销和线上营销的整合。一直以来，营销分成传统营销和在线营销两种，前者是线下零售时代的主要营销手段，后者是互联网时代的主要营销手段。但现在，需要二者结合起来，才能整合各类渠道资源，并建立全链路的营销体系。这个体系高效、精准。

只有这三个条件都满足，新零售才能有效地创建起来。

2. 新零售的背景和发展

根据国家统计局的数据，全国线上零售的销售额已经连续三年呈下降趋势：2014 年 1 ～ 9 月，全国线上零售销售额为 18238 亿元；2015 年 1 ～ 9 月，线上零售销售额为 25914 亿元，同比增长 36.2%；2016 年 1 ～ 9 月，线上零售销售额为 34651 亿元，增长率只有 26.1%。

根据专业机构的预测，按照目前形势可以分析得出，线上的销售额还将以每年 8% ～ 10% 的速度下降，这说明线上的电商发展已经到了瓶颈期，电商需要寻求一条新的出路，电商商业变革迫在眉睫。

对于传统商业模式来说，近年因为电商的全速发展，传统商业受到了不小的冲击，面对电商的瓶颈，传统商业的衰败，线上线下的变革之路不得不开始进行，唯有变革，才有出路。

另外，线上电商自出现之日开始，就存在不可弥补的短处：线上购物无法真实触碰感知物品的真实感，因此消费者的购物体验非常差。针对这一缺点，线上购物也一直在寻求出路。但是由于种种条件的限制，一直没有可靠的解决方案。面对人们需求日益提高的现状，线上购物无法满足对事物的可听、可视和可接触性，导致部分消费者弃电商而到实体店进行购物。

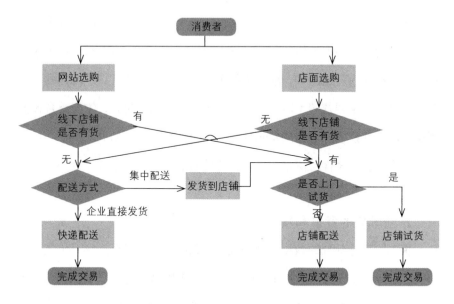

消费者交易流程示意图

随着生活水平的提高，人们在购物时追求的不再是物美价廉，而是更注重购物时的感受和体验，因此，新零售模式的运用，在某些方面来说能够增强客户的购物体验，这既解决了电商的短板，同时也为线下购物提供了一个新的方向和途径。这对于变革新的购物方式、重组零售的生态格局、升级人们的购物体验等多方面来说，都是一次革命性的有益尝试。

二、线下渠道价值的评估

虽然线上购物兴起之时如火如荼，曾经一度要改变传统零售行业，但是从两大电商平台获得客户的成本可以看出，随着电商竞争的日益增大，获得客流量的成本也越来越高，这意味着电商的红利或许已经见顶。同时，线下的获客成本却几乎没有改变，在这个零售急于变革的关键时期，线上线下渠道的结合成为必然的趋势，这也让线下的渠道价值再次被重新评估。

评估线下的渠道价值，主要从两点出发，一是普及的移动支付，二是新的消费群体。

1. 移动支付的普及

随着数字货币的大力发展和普及，给人们带来了移动支付，这不仅为网上购物带来方便，也给线下购物带来转机。

虚拟现实技术（VR）和大数据等技术的发展，也进一步开拓了线下购物场景的转变。也就是说，移动支付让消费购物得以不再受空间和时间的限制，从而加大了人们消费的力度。

2. 新的中产阶级

随着"80后""90后"的成长，社会的中流砥柱逐渐被他们所掌握。他们大多接受过良好的教育，更注重对自我的提升，在各方面都有着高要求和高标准。

这两代人作为当今社会的中流砥柱，他们的消费观不同于以前人们追求的物美价廉即可，他们在消费时更偏向于理性化。物美价廉的物品已经无法满足他们的需求，良好的品质和优秀的服务才是他们的追求所在。

从表面看，新中产阶级有着体面的工作和尚好的收入，但其实他们的心中也有着难以察觉的焦虑，而消费升级就是解决这种焦虑最好的方法。

新零售的核心就是要推动线上和线下的共同发展，它们的关键点在于线下实体店面结合线上互联网的力量，完成线上线下在商业维度上的升级和优化，同时促成了价格消费时代到价值消费时代的转型。另外，有人针对新零售提出"将零售数据化"的概念，新零售总结为"线上 + 线下 + 物流"串联在一起，但是归根结底，商业的核心还是消费者，新零售将支付、会员、库存等数据一并打通。

三、新零售的"两五一平"

随着时代的不断发展，未来包括新零售在内的五大行业将会有深刻的影响，这五大行业分别是新零售、新金融、新技术、新制造和新能源。

新制造意味着未来将会颠覆制造业传统的标准化和规模化。在未来的30年里，制造业将成为讲究个性化、定制化和智慧化的模式。

新金融是二八理论最直接的体现，即支持 80% 的中小企业、个性化企业。

新技术则意味着以后的机器将彻底改变电力为主的局面，转变为数据第一的格局，而新能源则被马云解读为数据为人类所创造和使用，并且将会为人类提供越来越大的价值。

21 世纪初，传统零售业还对电商对整个商业生态圈的颠覆性影响未有察觉，淘宝、京东等电子商务平台顺势而出。从一开始的质疑到现在的人人参与，电子商务的迅速崛起改变了传统市场以门店为主的格局，成为了主导零售市场的霸主。正如比尔·盖茨曾经所言："人们常常将未来两年可能出现的改变看得过高，但同时又把未来十年可能出现的改变看得过低。"

随着新零售时代的到来，传统零售行业与电商对立的局面将变得不复存在，它们开始结合各自的优势，从对立走向共同繁荣，根本上的转变，也意味着在未来传统意义上的"电商"将会消失不见，取而代之的是更具有优势、更容易被人们接纳的新零售模式，而关于人们抱怨的电子商务平台给实体经济带来的影响，也会随着新零售的发展而消失。

新零售 PK 传统零售

一、概念和要素

1. 传统零售的概念

传统零售是相对电子商务零售形式的一种概念。从营销学角度来说，零售业是任何一个处于从事由生产者到消费者的产品营销活动的个人或公司，他们从批发商、中间商或者制造商处购买商品，并直接销售给消费者。

而传统零售则是指个人或公司以店面为中心，向公众出售从批发商、中间商或者制造商处购买而来的商品的形式。这种形式相对于近些年来流行的电子商务平台处出售或者消费的新兴形式较为传统，所以我们称其为传统零售。

2. 传统零售的三个关键因素 PK 新零售的三个关键因素

在传统零售和新零售各自的形式上我们不难看出，传统零售重要的组成部分是人、货、场，即以货物为中心，场地为载体，人物进行管理和交易的模式。很显然，在传统零售中，几个重要组成部分皆是肉眼可见的实体。

而新零售则与传统零售截然不同，它是由流量、场景和内容三部分组成。这三部分形成了大数据。

在新零售中，数据占据了重要的位置，在这个大数据的时代，任何交易都离不开数据统计和分析，只有依托可靠的数据才可以完成相应的分析，帮助管理者做出合理的决定。新零售中更看重的是消费背后的一系列数据。

二、面对新零售的冲击，传统服装行业如何全面重构"人、货、场"

虽然新零售的三大要素和传统零售的三大要素不同，但新零售时代中某些行业还是离不开传统零售的三大要素，比如服装零售行业。

无论新零售怎样冲击服装等零售行业，这个行业都必须要将"人、货、场"三个字铭记于心。只有抓住这三个字的精髓，并加以互联网强大的数据分析运算能力的辅助，才能使服装零售行业获得更高效的管理、更有效的线上线下互动营销。

只有做到这几点，服装零售行业才能准确地获得消费者的需求，并以此加以整改，从而获得最优质的行业资源和运作能力。

在互联网如此强大的今天，服装行业的零售营销手段是否需要整改，需要从何处加以整改，怎样做才能够使服装行业走得更为长远，是线上为主还是线下为主，如何解决线下线上的关系问题，是每一个服装行业的从业人员必须要考虑的问题。

1. 人：大数据分析下的精准营销

根据美特斯邦威发布的 2017 年三季度报显示，美特斯邦威前三季度营收共计 4.44 亿元，同比没有增长，反而下滑了 5.69%。除此以外，美特斯邦威的前景也不容乐观，这对于考虑转型的美特斯邦威来说无疑是雪上加霜。

为什么美特斯邦威的境况会如此不乐观，利润减少、成本提升等问题只不过是表面现象而已，究其根本是对市场中用户的需求没有找准，从而导致了业绩下滑。

（1）大数据下的美特斯邦威

截至 2017 年 11 月，美特斯邦威共拥有 3800 多家门店，如此之多的店面，客流量自然不会少，数据的收集能力也不会差。据美特斯邦威 2017 年年报显示，美特斯邦威的产品并不符合用户的需求。

美特斯邦威定位的主要客户为"90后"，虽然目标明确，却对"90后"缺少了解。"90后"群体不同于"70后""80后"艰难的生长环境，他们大都受过良好教育，更注重自己的内心世界，有自己的想法和个性。随着"90后"的成长，如今他们很多已经走上了工作岗位。由于对"90后"缺乏相应了解，美特斯邦威的服装设计呈现出低龄化、款式老旧，对"90后"客户缺乏吸引力，低龄化、款式老旧的服装已经无法满足他们的需求了，因此，美特斯邦威出现了业绩下滑、库存积压的现象。

面对如此境况，美特斯邦威一开始并没有意识到问题的严重性。他们只以为是宣传力度不够，因此在广告上投入过多，如此一来，便造成了成本的上升；成本攀升则利润减少，不符合用户需求则业绩下滑，面临双重困境的美特斯邦威如果不做调整，最终的结果不言而喻。

（2）数据呈现品牌运营的核心

都市丽人IT部高管说："品牌经营现状，就是拥有庞大的终端流量数据却缺乏黏性！企业需要在收集数据之后继续深挖，进行集成多角度的大数据分析，并将结果呈现，做出有价值的市场决策支持！"

这才是品牌运营的核心，数据的呈现就是事实的呈现，只有对大数据进行仔细分析才能够及时了解品牌的状况，对已经出现的问题加以调整才能稳步向前。

虽然前行之路坎坷，好在美特斯邦威及时发现了问题。之后，美特斯邦威积极搭建了O2O全渠道零售终端平台工具和大数据商业智能平台。"亡羊补牢，时犹未晚也"。

在这个平台上，美特斯邦威通过对企业内部的商品、服务、营销、组织等环节的把控，对手机消费者的消费轨迹和消费偏好形成数据画像；根据画像提供给用户更为精准的功能搭配和营销方法、货品推荐等，还可以依据大数据对客户的消费周期进行管理，进行个性化营销，从而完成增加品牌黏性、增加连带销售、锁住商家价值增值管理等智慧功能。

美特斯邦威还将通过线下场景和线上云店的构建，增加与消费者的互动，了解更多消费者的信息，和他们产生共鸣，采集消费者对美特斯邦威款式的建议，从沟通中寻找消费者的消费规律，利用这些数据完成公司品牌的提升和指导。

在互联网时代，大数据成为企业生存的根本，以及了解消费者需求的重要途径之一。企业可以通过各类方式收集对应的用户信息，利用收集来的数据对消费者进行精准定位，了解消费者的需求，推出受消费者喜欢的产品。

另外，结合此类数据分析，能够及时了解市场规律和消费者的消费趋势，能够提前设计出受用户追捧的产品，这对品牌的运营起到了至关重要的作用。

2. 货：大数据帮你提高效率

根据 2017 年的数据显示，美特斯邦威库存占总资产的 25.28%。造成美特斯邦威库存积压的问题，除了有消费不能匹配之外，还因为美特斯邦威的存货周转期限太长。

（1）库存积压

长达 204 天的存货周期，远远高于 Zara、H&M 等快时尚企业。这些企业之所以能够迅速地完成存货周期的转换，重要原因之一就是能够高效迅速地响应潮流。

这样处理消费快捷、消除内存、提高采购生产效率等一系列问题，不同的态度造就了各自不同的运营局面。

由于消费无法与生产匹配，造成了美特斯邦威库存大量积压，公司为了清除库存又不得不对产品进行打折出售，这样就形成了恶性循环，既不利于品牌建设也不利于企业的整体发展。

而新零售时代的来临，意味着只要用心经营，这些问题都会迎刃而解。

（2）根据大数据重组，提高效率

在发展中出现的问题，例如采购、入库和销售等环节环环相扣，使得整体循环变慢、时间拉长，导致各项成本持续增加、企业利润下降，造成了企业的负担越来越重、经营状况越来越糟糕。

对于这些问题，企业对公司内部的供应结构和模式进行了重新组合和创新，显著地提高了企业效率，解决了因循环周期长造成成本增加的问题。

2017 年，美特斯邦威深入地优化了供应链的布局。半年报显示，在美特斯邦威拥有的温州、上海、西安、成都、东莞和武汉等 8 个区域物流中心中，美特斯邦威进行了有效的重组和优化，从工厂到店铺的时间大大缩短，上海更是达到了日均处理 50 万件服装产品的物流处理能力。

与美特斯邦威遇到同样困境的，还有其他服装零售行业电商。随着电商影响力的不断扩大，电商的运营成本也在不断增加，这样势必会造成红利的见顶，如此一来，过度依赖电商渠道的企业也会陷入危险的境地。

新零售时代的出现，提醒企业和人们，要将线上线下有效结合才能走得更加长远。终端门店积极打造舒适的客户体验，维持自身优势；线上营销实现便捷的购物咨询和到位的售后服务，扩大电商影响力。借助各渠道提升经济助力，线上线下连接更为紧密，采用更为强大的数据分析能力，为运营做好强大有效的支撑。

3. 场：驱动终端增加线上线下互动

在美特斯邦威的那段失败经历中，对场景的错误判断，也是原因之一。

（1）盲目，是错误的根源

2015 年 4 月，美特斯邦威冠名推出"有范 App"，此次冠名花费了大概一亿元人民币，但是转化率却没有像预期的那样高。迫于无奈，"有范 App"于 2017 年 9 月被叫停，这意味着美特斯邦威的互联网之路遇到了阻力，但美特斯邦威并未放弃，依然在线上持续发力。

对于线下，美特斯邦威也从来没有放弃过，不惜以极高的价格在一线城市黄金地段打造美特斯邦威旗舰店。只是黄金的位置却并没有为美特斯邦威换来黄金般的收益，相反，即使在黄金地段的美特斯邦威也一样遇到了收益甚微的情况。

产品遇冷，导致库存增加，种种现象表明，美特斯邦威在终端门店方面走错了方向。

有分析人士认为，近些年美特斯邦威之所以业绩平平甚至出现亏损状态，最根本的原因是经营方法的失误，错误地把所有的精力都投入到了如何去吸引消费者，最终导致了终端门店的规划缺乏条理而业绩遇冷的情况发生。

都市丽人 CIO 说："这些大品牌都在忽视实际场景应用问题，以及忽略如何去驱动终端执行者主动落地上层规划。"

美特斯邦威盲目地涌入线上、扩张线下店面，但是产品遇冷、库存积压，没有正确提高终端的执行效率，导致规划无法圆满落地的尴尬场面发生。

（2）利用数据，驱动终端

而如今的美特斯邦威，在分析了大量的数据后，开始了调整线下门店的策略。对于总部提出的将运营管理权力下放门店的做法，市场反映是良好的。

美特斯邦威也在尝试着与时俱进，利用数字化管理收集信息，优化门店消费体验，提升各个环节的效率，力求将线下门店的流量和转化率、复购率等做到极致。

新零售时代的服装零售行业要将"人、货、场"三个字铭记于心。以互联网强大的数据分析运算能力为辅助，才能使服装零售行业获得更高效的管理，更有效的线上线下的互动营销，才能准确获得消费者的需求，并以此加以整改，获得最优质的行业资源和运作能力，最终实现品牌的可持续发展。

三、传统连锁与新零售的碰撞和变革

一直以来，传统零售受到电商的冲击，变得市场萎靡。然而，电商的发展如今也到了瓶颈期，这时候急需一种新的商业模式，把线上和线下有效地连接在一起。而新零售就是这样的一种模式。

2017 年作为新零售的伊始年，一切都在紧张有序地进行着。电商大佬们也纷纷为新零售规划好了蓝图，2018 年，新零售将迈入迅速发展的一年，传统零售结合线下发展将为人们缔造出一个全新的购物模式。

1. 实现新零售转型的关键点

要想实现零售业的转型，首先我们应该了解传统零售有哪些特点。

作为与人们生活息息相关的行业，零售业主要有以下几个关键点：单店盈利模型、扩张模型和运营模型。

对于单店盈利模型，有六大困惑：

（1）低频消费

客户在购买店内产品时，大都只会购买一次，没有重复购买的迹象。这说明，店面的创新能力薄弱，没有深入挖掘消费者的消费需求，客户没有形成消费习惯。

（2）线上冲击

电商影响力巨大，已经波及了线下实体行业。而传统门店仅是时间的延续，形成低价值的竞争优势。

（3）成本攀升

线下门店的房租成本持续上升，增加了店面运营的成本。加之房租成本上涨，也增加了单店运营的成本压力。如果能够很好地运用新零售带给门店的机遇，好好把握线上线下的运营，房租对门店的运营影响力将会变得微不足道。

（4）坐等养店

面对日益激烈的竞争环境，不管是什么样的产品，不主动去寻找和吸引客户，坐店等客都将是死路一条。

（5）关系团购

依然需要保持关系团购，和互联网的消费形式形成互动。

（6）模式陈旧

在大数据盛行、科技持续进步的今天，依靠传统模式已经很难出头，要想长远发展，创新不可或缺。

2. 传统零售连锁店在新零售时代的成功转型

2017 年是消费的狂欢时代，也是新零售的发展时代，多个行业领域撒开"新零售"的大网，投资风口也日益凸显。在新零售的风口中，各大投资家闻风而来。最著名的便是阿里巴巴对银泰进行的战略型投资，这意味着新零售的篇章正式展开。

（1）连锁店的两种扩张形式和三种驱动模式

社群化风口利用互联网这一强大力量，将拥有共同爱好、相同思想的人群联系在一起，实现大众至小众化的目标营销。最后，随着新中产阶级的崛起，品质化、便捷性和个性化的产品，则更容易获得新中产人群的认可。一旦这些产品获得人们的认可，便会衍生出连锁店。

这些连锁店有两种扩张形式：一类是区域多店同开，这样做的好处，是可以加深企业对品牌的印象；另一类是布局每个城市，即每个城市只有一个店，提升了品牌知名度，但是容易造成连而不锁的尴尬场面。

对比区域多店模式，前者更容易让连锁店有效扩张。连锁店只是扩张还不够，还需要驱动才行。而连锁店有三种驱动模式：它们分别是品牌驱动、产品驱动和混合驱动。

品牌驱动，就是品牌的扩张模式。以家乐福为例，企业经过市场的认可后迅速发展，形成被人们广泛认知的品牌。这时候借助品牌的优势迅速完成吸引商家等步骤，最终达到品牌化的特点。

产品驱动，就是利用产品的高品质或者高转化来完成客户对品牌的认知，即产品辅助品牌成长和建立的过程。

混合驱动，以同仁堂为例，其自身品牌响亮而吸引了大批消费者，其产品质量好，经得起考验，在消费者中形成了良好的口碑，完成复购。

这三种驱动模式相辅相成，一旦运转起来，整个品牌便会形成良性运作中。但要达到这样的水平，要求产品的结构完整，理念先进。只有做到这两点，才能实现上述目标。例如最近风头正劲的名创优品，就依靠其品类管理的系统性和先进性迅速打开了市场，如若不具备这些，是不可能成功的。

有人可能会有这样的问题，有的品牌开了一家店没事，两家店没事，但是店铺越来越多时，就会出现亏损甚至倒闭的情况。

（2）连锁店失败的原因

其实，除了管理等问题外，最为常见的原因是选址的失误。

因为一家店的成功必然是伴随着高层人士的心血精华而成，而多加店的选址，具体到标准时，就会出现这样那样的偏差，而高层人士也不可能亲自到场选址，最后就造成了选址错误的问题。

那么连锁店到底应该如何选址呢？这就需要企业对自己的客户人群进行详细分析。以味多美为例，它的选址大多是在麦当劳附近，且能够屡屡获得成功，这是因为味多美非常了解自己的客户群体和麦当劳是非常相近的。依靠对自己客户群体的精准把握和对麦当劳的透彻了解，味多美的选址几乎没有出现过失误的现象。客户人群的成功定位是味多美连锁店成功的关键，也是一种成功的商业模式。

在欧美、日本等发达国家，零售业连锁化的现象已经达到了60%，甚至70%之多。在日本，前三名的品牌化连锁便利店占便利店总数的90%左右，而反观我国却只有10%不到，百强企业甚至不足6%。

（3）新零售的风口来了

马云曾说，纯电商时代已经过去，而纯电商时代的下一个风口就是新零售时代。新零售时代将会让整个零售商业圈陷入流量的争夺战中，即线上流量到线下流量的争夺。

北京数衍科技有限公司高级副总裁穆建玮说："互联网、移动互联网、物联网、云存储、云计算，以及各种前后端数据技术创新，极大地改变了社会生产、生活的实现方式和效率。全面融合线上线下的数据技术，不仅成为实体企业经营管理的基础设施建设，更促使实体经济从大数据到人工智能，从程序到算法，从互联网到产业互联网，全面延展生产、流通、交易、消费、支付、监管的数字化运营管理。以基础数据源桥接技术和凭证电子化技术，各种前端数字交互设备、数据解析以及 AI 应用，完善大规模数据服务平台，在税务票证、食药监、医疗质量管理、商业生态等社会民生领域数字化得到广泛应用。"

到目前为止，我国共有 680 万家夫妻便利店，天猫商家也突破了百万。而线上线下的运营成本都在逐渐增加，线上的经营已然没有了优势，在这种情况下，线下的可以进行体验的优势就明显起来。

另外，随着"80 后""90 后"的成长，这部分社会中坚主流的收入逐渐提升，年轻化市场就要来临，伴随着消费人群的特性，线下体验度比线上体验度高的特点，将会吸引一部分消费者进行消费，新零售的风口来了。

未来，百亿级别的商家一定是新零售连锁类的商家，新零售为传统商家提供了最后的转型机会。在这个处处充满科技和大数据的时代，大到国家的互联网战略，小到人们的生活都离不开互联网和大数据。

传统企业如果想长远发展，搭上新零售的超级时代快车，只有店内店外销售、线上线下整合才是正确的前进道路和方向。

如何构建传统连锁新零售超终端

一、新零售的本质和根本

新零售的本质，其实是完成传统商业的货、场、人，转化成新零售的人、货、场的消费转型。其核心是以消费者的体验为主，依托数据，描绘出消费者的画像，从而根据消费者的消费需求完善更多的商品体验，并对供应链加以调整，营造多场景的交互环境。

新零售的根本，有四个部分，分别是：消费者、数字、效能、多场景交互。它们的顺序，是以消费者为中心，加以数字驱动，从而提高效能，并进行空间多场景交互。如果说简单一点儿，其实就是"门店＋社群＋新零售"。

从新零售的本质和根本，我们可以得出，所谓的新零售，其实就是"线上＋线下""店内＋店外""服务＋零售"的一体化。而这也是传统连锁新零售的超终端。

那么，要怎样实现这个超终端呢？

二、实现传统连锁新零售超终端的五大赋能

要想解决这个问题，我们首先应该了解到，关于新零售对传统零售连锁渠道赋予的五大赋能：线下赋能、线上赋能、店外赋能、店内赋能、"服务＋零售"赋能。下面我们就来一一介绍一下这五种赋能。

1. 线上赋能

就是利用线上的系统化导流平台，包括微信公众号、小程序（"名称＋内容"）、第三方平台、本地生活类媒体等，形成线上传播矩阵，以此来汇聚流量。

2. 线下赋能

传统的门店购物体验仅仅局限于视觉和触觉、听觉、味觉、感觉的体验，时代在发展，一切都要往前进。为了满足人们的不同需求，中粮名庄荟就充分利用了 VR 技术真实模拟还原了国外酒庄的场景，以及酒的整个制作过程，在进行体验的同时还配有舒缓的音乐，营造出适合品酒的气氛，为消费者打造了一个尽可能完美的体验感。

3.店内赋能

传统的店内运营，重视的是会员论、客户论和客流论，需要通过门店来吸引客户、完成成交等。新时代的到来必然会带来很多的改变，为了顺应时代发展，我们就要勇敢地变革以前的运营理论，实现从顾客到粉丝，从客流到流量，从会员到社群的转变。

以小米手机为例，它依靠粉丝经济成功地将自己变成了手机大户，粉丝对其的认可促进了笔笔成交。由此可见，社群经济不在于人员数量的多少，而在于产品的质量如何。即，社群人员如果对产品有着高度的认可，有着一致的价值感，有着认同的身份感就会愿意转变成消费者，而社群将会是一个社交平台，社群经济也将会成为未来的一个发展方向。

4.店外赋能

时代的高速发展早就摒弃了很多传统行业的方式方法，在新时代，越来越重视共享经济和平台经济。如果一个企业或者个人不具有平台思维，那么在不久的将来，必然会被整个社会抛弃，这并不是危言耸听。我们越来越多地需要依靠例如异业联盟来获取对应客户的流量，这就需要商家以线下门店为中心，将身边的资源进行整合，对身边的潜在客户进行发掘，引入流量，并确保流量的质量。

5."服务 + 零售"赋能

传统酒业的新零售一定需要具备"零售 + 服务"的功能。新门店不仅要担负起销售产品的重任，更要在服务内容上添砖加瓦。在产品的销售过程中，通过团购、分销、零售店等方式增加社群、定制和品鉴等服务。

这样在销售产品的同时，也完成了传统酒企的新零售所必须具备的"零售＋服务"模式。

在共享经济的时代，合伙人制将成为顺应时代发展的、对创新酒业有着不可或缺力量的重要举措。同时，合伙人制对企业效率的提高和效能的提高也有着重要意义，使厂商和企业的关系不再是传统的雇佣关系，合伙人制的产生对酒业的创新和加入新零售大潮的队伍有着深远的影响。在这里，我们要对新零售的合伙人模式做重点介绍。在当今互联网的时代，人人都是渠道，人人都可以是终端，所以我们需要通过合伙人模式连接更有资源的人来进行客户的引入，更有资源和人脉的人员的加入，不仅可以降低我们自身的风险指数，同时也为体验中心积累了原始客户，也打开了潜在客户的通道，一举三得。而通过合伙人建立起来的门店平台，除了拥有常规功能，同时还具备品牌塑造、招商扩展、客户连接等综合功能，这样也会成为区域代理在当地扩展的样本终端。

在当今时代，合伙人传统的招商加盟模式、厂商关系、供给关系，受到了新的挑战。采用传统的招商加盟方式去攻占市场已经变得有些困难，这时候如何推陈出新是一个新的问题。而新零售时代的来临，意味着我们可以以新零售的品牌体验为合伙人吸引点，寻找更多的加盟商，其实就是合伙人进行合作，合作的合伙人将会享受公司的股权分配，合理公平的利益分配，公司未来的宏图激励，和合伙人之间建立一个有效的黏合关系，深度捆绑厂商，达到共同获利的目的。

最后，其实新零售的核心就是"线上＋线下""店内＋店外""服务＋零售"。传统企业要做的改变越来越多，在这个创新的时代，我们不仅要紧跟节奏创新，对于旧的模式也要加以利用，只有两手抓紧，才能稳步向前。

传统零售业的精华

随着苏宁宣布与阿里巴巴的战略合作，传统零售业沃尔玛、永辉等超市也纷纷宣布与京东商城深度结盟。在互联网时代，一家零售企业没有电商平台，从某种程度来说似乎缺少了什么。在新零售时代到来之际，零售的实体店将如何完成转型，未来的零售行业又将如何发展，都需要一一解析。

然而，在解析之前，我们需要首先了解传统零售业的精华点、现状，以及面对新零售时代的困惑。

一、传统零售业的窘态

从2010年开始，随着社会的发展，传统零售行业一直面临竞争压力大、成本增加、回报降低、扩张困难等问题。

整个传统零售行业，包括超市、便利店、仓储店、百货公司等，都出现业绩减少、利润下滑的窘状。人们迫切地想要改变这种状态，他们使出浑身解数，不断布局线上，同时发展线下，但却收效甚微。

作为保千里视像科技集团董事和副总裁，陈杨辉对零售行业有着颇深的体会。针对实体零售业的现状也做出了分析，他认为实体零售业之所以出现利润降低、业绩下滑的情况，究其原因，除了受宏观经济增速缓慢、网络零售冲击外围等大背景之外，还与实体零售业本身有关。

根据对实体零售业的了解，在社会高速发展的今天，实体零售业存在价格混乱、员工积极性差、服务效率低、卖场没特色、商品没特点、顾客决策难、停车位置难找等多种问题。这些问题直接导致传统零售业的业绩下滑，进入寒冬。

而造成这种状况的原因，是零售行业经过十几年的快速发展，完成了其行业的高速成长阶段，而政府希望零售行业变革，以促成经济结构的再重组，这时经济增速缓慢就成了政府为完成任务的既定程序，波及零售行业。

另外，线上互联网的强大发展和现阶段购物渠道的多样化，人们越来越不愿意踏足传统的零售门店，零售业绩被电商市场瓜分，也对实体零售造成了不小的冲击。

面对这样的现状，实体零售行业何时能够找到可行的翻身途径尚无从知晓，但可以肯定的是，零售行业变革之路艰难，绝不是近两年就可以完成的。

二、走出故步自封，才能飞速运转

面对零售行业窘迫的现状，如果企业还固守己见，守着过去的盈利方式开店坐等顾客上门，那么总有一天会因为故步自封而被时代所抛弃。

随着2016年新零售年的到来，实体零售店要想在时代大流中获得生机，就需要转变思维，随着市场发展而变化。而纵观全局，科技的飞速发展也滋生了多种颠覆传统零售的模式，正在飞速运作。

新零售作为一个新生的事物，为电子商务与零售业带来了创新与机遇。近年来，越来越多的实体店开始结合新零售的思维与工具进行转型升级，例如餐饮、外卖、家居、书店等，都期望能够通过"新零售"获得更好更快的发展。"无人零售""创新便利店""超市 + 餐饮"等越来越多的创新模式层出不穷。

几年前，作为我国最大的互联网企业——阿里巴巴，就已经启动了"新零售"的战略布局，携手苏宁易购实现由"电"到"店"的转变。除此之外，阿里巴巴还与三江购物、银泰商业、百联集团等积极合作，为新零售的变革储备力量。京东、美团等电子商务巨头也纷纷开始拓展自己的新零售落地品牌与店面。

例如，作为具有强大物流体系的电商，京东也在加推新零售业务与合作，与连锁超市永辉达成合作，开始向下延伸零售业触角。在2016年收购了 1 号店后，就主动与全球最大零售商沃尔玛进行接洽。借助其全球范围的供应链打造优势的物流配送，同时沃尔玛实体门店也可以接入到京东的物流与电商平台。

而拥有众多线下资源与渠道的苏宁易购推出了"一体、两翼、三云、四端"的发展战略，"一体"指的是是实物商品和服务商品经营综合为一体；"两翼"则是场景 O2O 运营（包括 VR 虚拟现实体验、感知营销、社交导购等）和线上开放运营（包括优选商户、正品行货、苏宁承诺和扶持小微等）作为其发展的两翼；"三云"指的是数据云、物流云和金融云，也就是说力争在有限时间内将物流、金融和数据三个数据板块上线云端，集成大数据来有效支撑决策和运营；"四端"则指的是 POS 端、PC 端、移动端和电视端。并且依靠这个战略系统，苏宁将电商业务与新零售结合，在农村市场广泛布局农村电商战略，形成了"三化目标""三云服务"以及"五当模式"。

与苏宁开拓农村市场不同，阿里巴巴除了和银泰商业、苏宁云商、联华超市、三江购物等众多线下实体商超达成战略合作之外，在新零售的自有品牌打造上，通过生鲜行业让消费者和市场看到了新零售的落地与实现。

此外，在 2017 年，阿里巴巴在杭州开设的无人超市也迅速引爆媒体与市场。"淘咖啡"是阿里巴巴首次正式公开的无人店，不仅概念新颖特别，运用的技术也非常先进。例如计算机视觉、传感器融合、生物识别等，阿里巴巴此次利用高科技将无人概念与新零售实现落地，揭开了新零售发展的新篇章。

近期，苏宁易购的生活驿站云店，不但加速智能化的购物体验，还完善客户购物各个环节的智能化。比如，智能化停车场、智能化的手机购物、智能化的货品电子标签，等等。

在消费者方面，苏宁也下了大力度，注重消费者的购物体验，以消费者为中心改变市场。围绕消费者甚至可以实现消费者的生活方式的理念展示，以及消费者的社交活动展示等。同时，还以大数据为支撑点对客户加以分析，并结合客户的消费习惯、消费行为制定精准的营销方案。这样做的结果，就是开展针对消费者具体到群体的个性化精准营销。

展望未来，传统的面向顾客的电子商务将向智慧化、个性化与定制化的方向转变。预先设置场景化购物，以大数据为分析的支撑点，对消费者的消费行为加以分析，营造出真实的购物场景，增加客户的购物体验，完成科技与现实的完美结合。零售业将会与智慧物流等结合，线上线下逐步融合成为全新业态。借鉴启动移动端布局，增加电子支付等方法，跨界合作，引导实体零售走上开放合作的道路。

三、政策的鼓励和指引

2018 年 6 月，国务院发布《国务院办公厅关于推进线上线下互动加快商贸流通创新发展转型升级的意见》，针对零售行业的鼓励措施，让零售业看到了希望。

第一，政府鼓励零售行业向店铺智能数字化改造，实体零售可利用互联网的强大力量增强客户的购物体验，力求做到店面场景真实化、智能化。

第二，政府鼓励大型的零售店铺向着智能化的方向转型。

第三，政府鼓励实体零售店铺增加休闲娱乐类文化设施，丰富消费者的购物体验，由商品销售时代向着"商品＋服务"的时代前进。

这些鼓励措施是为了促进零售实体行业的良性成长，国家予以适当的方向性引导，也给遇冷的实体零售业带来了生机。

四、新零售中不可忽略的智能互联网

国家的政策引领，为传统零售业进入新零售时代带来了生机，但想要在新零售时代成功转型，零售业还需要一个基础，那就是智能互联网。在这一点上，保千里视像科技集团走在了行业前面。

保千里视像科技集团运作的"智能互联网＋零售"模式迎合时代的需要，是对整个零售行业的一次不小的变革。这种全新的商业模式将智能化和互联网深度结合，对于线上经营、引进客户流量、个性化营销等做出了重大贡献。而对于线下的物流配送、购物的真实体验、品牌的形象提升等也有促进作用。因此，线下线上相结合，优势互补，将加速整个零售行业的变革之路。

1."智能互联网＋零售"模式对零售行业的影响

首先，对于零售业的实体商家来说，"智能互联网＋零售"的商业模式是增加客户的品牌黏性、增加客户的复购率，以及引进流量的重要措施，这增强了客户线下的购物体验，使得零售业回归了零售的本质，吸引客户的流量以达到持续销售和盈利的目的。

其次，"智能互联网＋零售"也开启了零售行业跨业整合的综合发展，即利用各个行业的资源为自己做市场开拓。

最后，大数据提供用户的消费画像，为公司的精准营销提供强大的后盾支撑，这也是实体零售行业从竞争对手的关注转变为以客户为中心的商业本质的跨越。同时，在"智能互联网＋零售"的支撑下，实体零售可以通过加深客户的实际购物体验，结合线上引进的流量，双管齐下，最终实现实体零售店的完美逆袭。

2. "智能互联网＋零售"模式对消费者的影响

对于消费者来说，"智能互联网＋零售"的模式满足了用户的需求多样化。

消费者在购物的过程中，既完成了购物的本我需求，又享受了丰富多彩的购物过程的自我需求。这正如保千里视像科技集团旗下彼图恩科技CEO王浩所说的："传统的零售时代，谁选址好，店铺就旺，而智能互联网时代，谁掌握用户，谁就掌握未来。"

对此，有关专家则认为"智能互联网＋百行百业"是解决实体行业和电商升级的必经之路，是互联网升级的基础，是智能互联网时代革命性的创新。它不只是解决了互联网发展中的痛点问题，还起到了促进时代发展的重要作用。

在科技和人类共同发展的今天，"智能互联网＋百行百业"的模式必将会引领新一代商业模式的变革。

五、传统五通 vs 新零售五通

2016 年 10 月 13 日，阿里巴巴集团董事局主席马云在杭州云栖大会演讲中表示："纯电商时代很快会结束，未来的十年、二十年，没有电子商务这一说，只有新零售，也就是说线上线下和物流必须结合在一起，才能诞生真正的新零售。"

他呼吁各国政府紧随时代脚步，为未来三十年的快速发展制定合理的政策方针，促进科技和整个社会的发展，为三十人以下的小企业制定独特的政策来鼓励年轻人的创业和勇敢的尝试。

他希望政府可以改变传统的思维模式，顺应时代的发展，将政府的招商思路中的通水、通电、通路、通讯、通气、平整土地的"五通一平"，改为新的新零售、新制造、新金融、新技术、新能源，同时提供公平的创业和竞争环境的"五通一平"。

马云表示，新的"五通一平"将会影响整个社会的良性发展，甚至会改变未来所有人的生活方式。

马云演讲的部分内容如下：

各位世界各地来的创业者，大家好，欢迎来到杭州参加我们的云栖大会。

二十年以前，1995 年我刚开始互联网创业的时候，全世界互联网的用户可能不到五万户，全世界的互联网从业者可能不到五万人。但是今天到云栖大会参加会议的人已经接近五万人，这 21 年来的变化，令全世界震撼，特别是今天全世界用互联网的人口已经超过了 20 亿。

电子商务没有冲击传统商业

十几年以前，有一次我跟朋友在西湖边上聊天，我说将来会有一个新的世界诞生，这个世界会被人称之为虚拟的世界，这个世界会有一个新的大陆，这个世界所有的人都会在网络上发生关联。今天我们真正诞生了一个新的世界，一个新的经济体，一个超过了 20 亿人的强大的世界经济发展的新基础。

最近一直有人问我，互联网公司有边界吗？阿里巴巴似乎无处不在，腾讯似乎也无处不在，Facebook 也一样，你们这些互联网公司有没有边界？我说，互联网没有边界，就像电没有边界一样。一百多年以前，你不能说这个行业可以用电，那个行业不能用电，电是没有边界的。互联网是一种技术，是一种思想，是一种未来。

有人讲互联网经济或者电子商务是一个虚拟经济，我认为它不是一个虚拟经济，它是一个未来的经济。很多人讲"互联网在冲击各行各业"，"电子商务打击、摧毁或者冲击了传统商业"。我认为，电子商务没有冲击传统的商业，更没有打击传统的商业，电子商务只是把握了互联网的技术、互联网的思想，知道未来的经济将完全基于互联网。我们抓住了互联网的技术，在这个上面创造出一个适应未来的商业模式，那就是电子商务。

真正冲击各行各业、冲击就业、冲击传统思想、传统行业的是我们昨天的思想，是对未来的无知，是对未来的不拥抱。所以我并不觉得我们今天在座的每个人要担心什么，真正担心的是我们对昨天的依赖，世界的变化远远超过大家的想象，未来的 30 年是人类社会天翻地覆的 30 年。

我想提醒大家，我们国家从政府到企业到各行各业，我们都没有意识到这场技术革命会对人类带来多大的冲击。很多我们认为很正常的事情，很多昨天我们做得非常好的事情，很多我们认为是最佳的就业机会的事情，都会被颠覆和改变。人类将会失去很多的就业机会，人类也会诞生很多新的就业机会。

其实第一次技术革命带来的结果是第一次世界大战，第二次技术革命造成了第二次世界大战，这次的技术革命是人类思想的解放，人类智慧的开发。会不会诞生第三次世界大战？如果人类没有共同的目标，那么人类将会自己开始发动战争。这次技术革命，要解决的问题应该是贫穷的问题，应该解决的问题是疾病的问题，应该解决的是环境和持续发展的问题。

未来三十年，政府应为年轻人制定政策

我想告诉大家，这次技术革命，未来三十年，每个人都有机会，之前我在泰国参加了 ACD 领导人会议，亚洲 34 个国家和地区的元首在那儿，我呼吁各国要为未来的 30 年制定独特的政策，其实德国工业 4.0、中国制造 2025，加上前几天我听说的泰国 National plan 跟工业 4.0 一样，现在每个国家都在为自己的年轻人，为自己的未来创新。未来世界的竞争是创新的竞争，是年

轻人的竞争，在未来这20亿人口的世界将会越来越大。

所以我想提醒大家，未来的三十年是每个人的机会，各国政府都必须为未来三十年制定自己创新未来发展的政策，为自己国家的年轻人制定政策。所以我呼吁各国为三十岁以下的年轻人制定独特的政策，为三十人以下的小企业制定独特的政策。

过去几十年，各国政府的政策都是为大企业制定的，如果我们能够真正为小企业制定政策，那么我相信世界将会更加美好，我相信各国小企业的机会也越来越多，以前创业你可能要钱要资源，你可能要各种各样的关系。在未来，你只要利用技术、数据和创新，人人将会有机会。以前的大企业，目的是为获得更多的利润，获得更多的资源。未来的大企业，如果你想要做得更好，你必须担当社会的责任，你必须为无数的人创造基础设施，提供资源。

很多大企业这几年讲得最多的是生态资源，我听见的生态资源是大家希望利用生态资源，把自己做得越来越强大，而我认为未来的大企业必须是做一个生态环境是帮助这个生态的人活得越好，只有生态越好，大企业才会活得越好。所以大企业要为自己的生态担当责任，真正去帮助生态里的其他企业活得更好。

不是技术冲击了你，而是传统思想、保守思想、昨天的观念冲击了你，不是电子商务冲击了传统商业，而是你对未来的不把握冲击了你的商业。

另外，大家都知道阿里巴巴是电子商务企业，其实阿里巴巴的业务里，最传统的一块业务被称之为电子商务。"电子商务"这个字可能很快就被淘汰。其实我们从 2019 年开始，阿里巴巴将不再提"电子商务"这一说，因为电子商务只是一个摆渡的船，它只是把河岸的这一头端到了那一头。未来的五大新，我们认为有五个新的发展将会深刻地影响到中国、影响到世界，影响到我们未来的所有人。

为什么电子商务是一个传统的概念，我讲纯电子商务将会成为一个传统的概念，二十多年以前，我们开始做互联网的时候，其实我们并不是一开始就做淘宝、天猫、支付宝，我们到 2003 年才意识到未来的商业将会发生天翻地覆的变化，2004 年我们才意识到也许我们这么做下去，金融会发生巨大的变化，所以 2003 年、2004 年，其实我在全中国做过至少不亚于 200 场的演讲，跟无数的企业交流未来新的商业模式、新的电子商务将会改变很多商业的形态。我相信那时候绝大部分企业并不把它当一回事情。

但是今天电子商务发展起来了，纯电商时代很快会结束，未来的十年、二十年，没有电子商务这一说，只有新零售，也就是说线上线下和物流必须结合在一起，才能诞生真正的新零售。线下的企业必须走到线上去，线上的企业必须走到线下来，线上线下加上现代物流合在一起，才能真正创造出新的零售。物流公司的本质不仅仅是要谁比谁做得更快，而物流的本质是真正消灭库存，让库存管理得更好，让企业库存降到零，只有这个目的，才能真正达到所有的物流真正的本质。

"五新"并非危言耸听的警示，把握则胜

我将第一个"新"称之为新零售，现代都市里面，很多传统零售行业受到了电商或者互联网巨大的冲击。我个人觉得是他们没有把握未来的技术，没有看未来，只看到昨天，如何适应这个新的技术，如何和互联网公司进行合作，如何和现代物流进行合作，如何利用好大数据。必须打造新零售，原来的房地产模式为主的零售行业一定会受到冲击，即使今天不冲击，你活得时间也不会太长，新零售的诞生，对纯线下也会带来冲击。

第二个新制造，过去二三十年，制造讲究规模化、标准化，未来三十年，制造讲究智慧化、个性化和定制化。如果不从个性化和定制化着手，任何制造行业一定会被摧毁。所以从零售以后开始的第二次巨大的技术革命，那就是IOT的革命，就是所谓人工智能、智慧机器，未来的机器吃的不是电，未来的机器用的是数据，所以希望大家高度重视，所有的制造行业，由于零售行业发生变化，原来的B2C的制造模式将会彻底走向C2B的改造，也就是说按需定制，我们今天讲的供给侧的改革，就是改革自己、适应市场，改革自己、适应消费者。

所以希望大家一定要注意IOT的变革，未来的新制造的诞生，对我国长三角地区和珠三角地区原来以规模化和标准化制造的一些行业的方方面面的冲击，远远超过大家的想象。

另外，我们提出第三个变革，称之为新金融的变革，新金融的诞生也会加快整个社会的变革。过去两百年来，金融支持了工业经济的发展，那时是二八理论，只要支持20%的大企业就能

拉动世界 80% 的发展。但是未来新金融必须去支持八二理论，如何支持那些 80% 的中小企业、个性化企业、年轻人、消费者，以前的金融是想解决 80% 那些中小企业、创新创业者、消费者，但是它的 IT 基础设施，原来的设计思考没办法完成。

互联网金融诞生以后，希望解决的是更加公平、更加透明、更加支持那些 80% 昨天没有被支持到的人，所以今天新金融的诞生势必对昨天的金融机构形成一定的冲击和影响，但是这个机会也是大家的。我希望能够看到真正的互联网金融的诞生，能够创造出真正的基于数据的信用体系，才能够让全世界产生真正的普惠金融，让每一个人，只要用到钱，想要钱，都能得到钱，而且得到的是足够的钱，而不是很多的钱，也不是永远得不到的钱。

所以新金融的诞生，会给各位所有创业者、年轻人、小企业带来无比的福祉，我相信未来的十年内，一定能看到巨大的发展，这也是蚂蚁金服所担当的责任，我们希望让信用变成财富，希望让每一个人能够获得金融的支持，真正出现公平、透明、开放的普惠金融体系。

另外还有一个叫新技术的诞生，出现了移动互联网以后，也许原来以 PC 为主的芯片将会是移动芯片，操作系统是移动的操作系统，原来的机器制造将会变成人工智能，原来机器依赖的是电，未来机器依赖的是数据。在未来，层出不穷的基于互联网和大数据的技术，又为人类创造了无数的想象和空间。

还有就是新能源，过去的发展是基于石油和煤炭，未来的技术发展基于新能源，那就是数据。按照王坚博士所讲，数据是人类第一次自己创造了能源、创造了资源，衣服人家穿过，你穿就会不值钱，数据是人家用过，你用会更值钱，你用过以后出去更值钱，是越用越值钱的东西。

所以我希望大家记住，这五个"新"将会冲击很多行业，今天我们提了新零售、新制造、新金融、新技术、新能源，这五个"新"将会对各行各业造成巨大的冲击和影响，把握则胜，我不希望把它变成危言耸听的警示，而是当作改变自己的机遇，从现在开始。

政府也是一样的道理，我们希望未来政府招商，以前传统的"五通一平"（通水、通电、通路、通讯、通气、平整土地）将会变成新的"五通一平"，你是否通新零售，您是否通新制造，您是否通新金融，您是否通新技术，您是否通新能源。

"一平"，就你是否能够提供一个公平创业的环境和竞争的环境。传统的"五通一平"是靠税收政策、土地政策，我相信这样并不公平。未来的变革远超我们的想象，过去基本上是以知识驱动了科技革命，我想未来的趋势，不仅仅知识的驱动，未来是智慧驱动、数据驱动。

原7-ELEVEn日本运营部督导、成都特许加盟部部长、北京运营部·企划部部长朱东生说："零售行业的发展，从来都离不开对应变化。所以也就不该有新与旧之分。但是时代在发展，消费者的生活需求发生了本质的变化。新的时代需要新的对应，这是事实。"

对应新时代的变化，不仅需要在技术层面上的革新，更需要在思维层面上的改进。传统零售行业也需要插上新思维、新技术的翅膀，让零售行业在新的时代腾飞起来。变化就会伴随着阵痛，要有不怕"痛"的勇气才会有更好的未来。

54 位全球级 CEO 齐聚一堂，拥抱全新零售

天猫作为新零售的率先开启者，正在以强大的势头引领着新一轮的消费升级。届时，天猫将与国内外诸多品牌合作，共同开启商业的变革之路。

一、全球各地知名品牌 CEO 与天猫共谋发展

2018 年 6 月 13 日，由全球各地知名品牌，包括玛莎拉蒂、欧莱雅、耐克、宝洁、松下、三星、Burberry、LVMH、强生等的 CEO 们组成新零售的共谋团队，齐聚杭州阿里巴巴西溪园区 9 号馆对新零售的未来展开了讨论，成为了新零售的重要时刻。

1. 以天猫为主阵地

参与会议的品牌都是行业的翘楚，它们可以说是行业的风向标，任何的风吹草动都会引发人们的揣摩和和关注。对于行业的动向，它们也是分外关心和最早掌握先机的，对于即将到来的天猫6·18购物节，这些品牌也都参与了其中。

对于它们来说，与会的意义，就是探索与天猫和整个阿里巴巴紧密结合的优势，为实现互联网商业的升级、引领行业潮流打下坚实的基础。

而就在五天前，全球约350名以上的投资者、顶尖的投资机构与分析师们来到阿里园区，感受阿里巴巴的巨大价值魅力，感受天猫新的商业力量。当天，阿里巴巴股市登顶亚洲最高，股价大涨13个点，一跃成为全球第七名。

"新零售战略推动下，天猫和过去完全不一样了。"阿里巴巴集团CEO张勇说，"以天猫为主阵地的整个阿里巴巴集团，非常愿意运用自身的一切能力，帮助品牌企业实现商业数字化，共同开启新零售。"

2. 携手天猫，谱写互联网商业史

对于入驻天猫的诸多品牌，它们注定将与天猫一起创造互联网商业的历史。

宝洁公司作为天猫第一家开设天猫旗舰店的知名快消企业，早在2009年就开启了与天猫店的合作之旅。而天猫平台也没有辜负宝洁的期待，宝洁迅速地占领了快消品行业的有利高地，获得了持续两位数的用户增长，通过打造高端的爆款产品成功地升级了用户消费。入驻的8年来，宝洁见证了电商从无到有的过程，也获得了空前的巨大利益，阿里和宝洁完成了一次成功的双赢合作。

而对于入驻天猫的后来者，虽然起步较晚，但是业绩依旧不俗。2018年5月23日，是M·A·C在天猫入驻的第一天，它作为雅诗兰黛旗下的彩妆产品，其入驻的第一天就刷新了美妆品牌的开业纪录，创造了单支唇膏最高销售6万支的业界奇迹。

在过去的几个月中，因为看到了天猫巨大的流量平台和空前的影响力，全球最大的奢侈品集团LVMH旗下的化妆品零售品牌丝芙兰、腕表品牌泰格豪雅和高端化妆品牌娇兰等纷纷入驻天猫，开启品牌的线上时代。

而说到这些品牌为何会选择天猫进行合作时，LVMH集团大中华区总裁吴越表示，天猫代表着中国，天猫的发展折射着中国进步的脚步，天猫作为广受年轻人喜爱的购物平台，吸引着大批的时尚流量，所以奢侈品选择天猫平台入驻是情理之中的，也是明智的。

如今，随着越来越多的品牌入驻天猫，互联网购物的越发强大，越来越多的品牌掌门人认为没有入驻天猫对于自身来说就是一种损失。著名内衣品牌维多利亚为了在2018年"双十一"前夕入驻天猫国际，特地于2016年年初请到了前Levis大中华区董事总经理Arun Bhardwaj，请她担任维多利亚大中华区的负责人。

澳洲大药房作为海外商家，阿里巴巴为其提供了阿里妈妈、菜鸟、生意参谋等多种指导和服务，最终在双方的努力下，澳洲大药房在2017年天猫"双十一"中成为了首个一天销售额过亿元的海外商家。

截至2017年3月，福布斯最具价值消费品牌中，有接近8成的品牌与天猫完成了合作。目前，天猫商城拥有18万知名大牌、8.9万旗舰店和1.2万国际品牌，所以业界对天猫有一句中肯的话："世界上只有两种品牌，一种已经入驻天猫，另一种正在来天猫的路上。"这也从侧面说明了天猫平台的火爆和市场的认可。

3. 天猫转身新零售引擎

经过几年的飞速发展，天猫已经不再是单纯的交易平台了，人们除了在这个平台上购买产品，还将天猫作为一个搜索引擎来使用。天猫正在逐渐转变为新零售的搜索引擎，全球品牌智能数字化战争拉开了序幕。

阿里巴巴在这场战争中自然不能缺席，它将以天猫为主要载体，分析和利用大数据，为品牌重新构建人、货、场等商业元素。

首先，供应链的重构。新零售将颠覆客户、物流、支付等环节的传统化，使其转变为全链条数字化。

其次，销售全通路的重构。新零售将不仅对一线城市的天猫平台、各个城市社区遍及的村淘进行渗透，也将覆盖海外、天猫国际等。

最后，用户和品牌营销连接的重构。依托天猫生态平台的大数据，帮助品牌客户完成针对消费者消费行为的分析和画像，使品牌营销能够精准化、个性化地投放到用户身上。

另外，天猫生态平台也一直在积极探索着线上线下的结合。

阿里巴巴集团 CEO 张勇表示，各类重构的背后其实是商品、订单客流和支付、会员等核心商业要素的最终数据化。只有拥有数据分析能力，才能够准确掌握人、货、场的商业重点，才能在新零售时代对人、货场进行准确重构。

作为电商平台的实力拥有者，阿里巴巴拥有多年的零售经验和解决问题的能力，在与各大品牌进行合作时，阿里巴巴愿意与他们共同发展，争取在新零售的道路上共创辉煌。

二、新零售时代的两大巨头：阿里巴巴和京东

阿里巴巴在新零售行业做得风风火火的时候，另一家互联网巨头也没有停止进军新零售的脚步，它便是京东。

2017 年 6 月 22 日，京东集团宣布斥资 3.97 亿美元收购英国时尚购物平台 Farfetch 的股权，作为京东董事局主席兼 CEO 的刘强东，将加入 Farfetch 董事会。

紧随其后的阿里巴巴也被报道与意大利奢侈品电商 Yoox Net-a-Porter 频繁接触的新闻，很显然，阿里巴巴对 Yoox Net-a-Porter 有进行收购的意向。

作为统领新零售行业新潮流的两大巨头，又同时与海外零售行业进行接触和投资，这让人不禁要问，马云和刘强东葫芦里到底卖的什么药？他们都在想些什么？

然而，人们只看到这两大巨头投资海外奢侈品零售业的消息，却不知道，早在两年前，两者就已经开始了奢侈品零售业的拓展。

1. 大牌争夺战，新零售的缩影

2018 年第一季度，随着诸多奢侈品牌，例如爱马仕旗下品牌"上下"、LVMH 集团旗下泰格豪雅、阿玛尼旗下 Armani Jeans 等的相继入驻，天猫拉开了奢侈品电商平台大战的序幕。

6 月 13 日，玛莎拉蒂、西门子、Burberry、三星、LVMH 等奢侈品品牌共同参与了由阿里巴巴举办的闭门会议。会议由阿里巴巴集团 CEO 张勇先生为大家详细解读了新零售，而与此同时，另外有超过 300 家的知名品牌也参加了关于新零售的十几场活动分享，就如何获得阿里巴巴消费者的喜爱进行了讨论。

面对阿里巴巴紧锣密鼓的筹备，京东商城也没有闲着。过去几年，京东花了很多精力在拓展奢侈品的业务上。除了在全国各个时尚之都举办时装秀以外，京东还拆分了原来隶属于时尚业务的家居业务部作为时尚事业部，并任命丁霞作为该部总裁，上任后的丁霞迅速地会见了 LVMH 中国区的负责人，就如何合作奢侈品品牌做了探讨。

在京东 6·18 购物节活动中，很多大牌如数登场，这些大牌包括 GUCCI、Vivienne Westwood、Armani、真力时等品牌。除此之外，京东还获得了国际奢侈手机品牌 VERTU 的支持，其全球唯一一台在售的 VERTU Signature 眼镜蛇限量版手机在京东商城独家出售。这款手机价值 247 万元，手机售出后将由直升机直接送至客户手中。

据阿里巴巴的财报显示，截至 2017 年 3 月，福布斯最具价值的消费品牌中有接近 80% 的品牌已经入驻天猫；而据千讯咨询的报告显示，截至 2018 年，有 90% 以上的国际大牌已经入驻了京东商城。

阿里巴巴和京东纷纷哄抢大牌入驻自己平台，其实是这两大电商转型为品质电商的基础，也是新零售的一个缩影。

之所以京东和阿里巴巴哄抢奢侈品大牌，其实很早以前就有苗头。从 2017 年年底到 2018 年年初，消费者的消费模式开始有了从价格型消费向品质型消费转型的痕迹，由此可以看出电商升级为品质型电商是今后的发展趋势。而国际大牌的引入是电商平台成为品质电商的第一步，有了奢侈品便可以吸引一部分高品质的消费者，为品质电商的下一步发展打下基础。

2. 新零售缩影背后的股权投资

不仅如此，阿里巴巴洽购 Yoox Net-a-Porter 和京东投资 Farfetch 的行为，也从侧面说明了马云和刘强东这两位电商大佬并不满足于仅仅在业务方面和大牌的合作，他们想要的更多，比如对股权的投资。

在收购 Farfetch 时，刘强东就曾经公开表示："面对中国与日俱增的移动用户群体，与 Farfetch 的合作扩展了我们在这场未来战役中的领先地位。我们对与 Farfetch 及各大奢侈品品牌的进一步合作满怀期待。"

这也说明了刘强东将 Farfetch 视为开拓奢侈品市场的最佳伙伴，据统计，Farfetch 平台目前已经拥有 700 个全球顶尖的品牌和买手店，其拥有一定的高品质消费群体。

马云和刘强东近期都把目光投向了海外，但是他们的做法在本质上还是有区别的，马云增持 Lazada 的想法是要获得更多的用户，而刘强东入股 Farfetch 是要引进更多的品牌，一个"走出去"，一个"引进来"。

3. 阿里巴巴、京东海外较量

（1）阿里巴巴的海外布局

对于海外相关的布局，阿里巴巴不只是对海外电商公司的收购，还将目光放在了与全球的邮政和物流的对接上，力求为搭建全球化的物流系统做准备。

仅仅成立了一年左右，菜鸟就有了不俗的业绩，它先是以 2.49 亿美元收购了新加坡邮政 10.35% 的股份，又陆续与美国邮政、澳洲邮政、巴西邮政、哈萨克斯坦邮政和西班牙邮政进行合作，试图实现出口信息通过邮政连接。除此之外，菜鸟还推出了 AliExpress 无忧物流，旨在全球范围内提供一站式物流的服务。

阿里巴巴集团 CEO 张勇曾经表示，要想实现全球化，物流是基础也是关键，对于阿里巴巴这个大的电商平台来说，物流和电商是唇齿相依的角色。除了物流，支付也是很关键的一点。对此，蚂蚁金服一直致力于打理推进支付宝的业务，想以此来吸引海外华人在欧洲亚洲高频使用支付宝进行支付，吸引更多的人来关注和使用支付宝。

（2）京东的海外布局

对比阿里巴巴，京东商城在海外的布局也毫不逊色。京东在海内外的物流方面完成了很多跨境的物流工作，包括海外的仓储、国际的运输、跨境的保税仓和国内的配送等问题。随着物流系统的完善，京东的海外仓储运输已经覆盖了日本、美国、澳洲、韩国和德国等国家和地区。

目前京东的很多业务还是国内占比较多，不过随着海外市场的扩大，京东高管表示，时机成熟便会考虑在国外建仓。

三、亚马逊进军轻电商，创造全新零售之路

国内的商业巨头在新零售时代做得如火如荼之时，国外的商业巨头也没有闲着，他们也看出了新零售的商机，于是纷纷出手，尤其是零售行业

巨头亚马逊，更是一马当先。

在互联网世界大会上，亚马逊创始人贝佐斯提出了"五新"的观点。他提出，每一次的商业变革之前，都会有不同的冲击和影响波及各个行业，如果不能正视这些影响和冲击，将其视为偶然事件，就会失去前进的机会，在麻木中被时代所抛弃。

贝佐斯提出的"五新"中，排在首位的就是新零售。

第一个"新"，是新零售。在科技日新月异的今天，之前浩浩荡荡的电商也因为近些年的持续下滑而急需变革之路，而传统的实体零售业因为受到电商的巨大影响变得日渐萧条。这时候线上线下不再是对立的关系，而是急需一种合作途径将线上线下的零售得以重新发展。新零售就此顺应而生，新零售依托于大数据，实现线上线下的完美逆袭。

第二个"新"，是新制造。过去制造业讲究的是标准化、规模化，而在未来三十年，新制造讲究的则是个性化和定制化。新零售带给人们第二次的技术革命——LOT 革命。就是升级机器，让机器从原来的以电为驱动力转变成以大数据为驱动力，形成智慧机器。新零售时代的来临也必将会加速制造行业的变革，这是值得我们重视的。

第三个"新"，是新能源。在过去的时间里，我们依靠石油获得了交通上的便利，依靠煤获得了更多的能量，这些能源让人类能够稳步地向前发展，是人类进步的基础。而随着新零售时代的来临，大数据的产生将会变成人类新的能源。我们依托新能源来开发和了解世界。因为数据的特殊性能，在使用的过程中价值会节节升高，越用越值钱，这是很有意思的现象。

第四个"新"，是新技术。在移动互联网诞生之前，我们使用的都是以 PC 为主的芯片。随着互联网与大数据的发展，在将来会衍生出更多以大数据、云计算为基础的新技术，这是值得我们期待的。

第五个"新"，是新金融。过去，我们使用的是二八理论，也就是指将前 20% 的大型企业当作重点支持对象，而新金融则会将其余 80% 的中小型企业看作支持重点，将二八理论转变为八二理论。这种金融体系将会使每个需要用钱的人都能得到钱，建成真正的普惠金融指日可待。

什么是轻电商—新零售

作为知名电子商务平台的负责人，贝佐斯表示，在未来的 10 年乃至 20 年里，电子商务将消失不见，取而代之的是轻电商新零售，即轻电商—新零售。

随着时代的前进和新零售时代的到来，线上线下的完美结合才能解决目前整个零售行业面对的停滞不前的困顿。只有线上走向线下，线下通过物流迎合线上，才能创造出真正的新零售时代。

当线上走向线下，当线下迎合线上，就不能忽略物流这个环节。

一、轻电商时代的物流变化

电商时代的物流业，是比谁的速度更快，但新零售时代，物流接下来的发展并不是比谁的速度快。

为了新零售顺应时代潮流，所有的行业都可以跨界发展，物流也是如此。随着去库存的需求越来越大，物流公司要想做得更好，应该朝力求将企业库存降到最低的方向发展下去，才能可持续地发展。

除了物流的变化之外，轻电商还有什么特点呢?

二、轻电商时代的五大特点

1. 全渠道

我们知道，新零售提倡的是线上线下的结合，这也是马云 2016 年在杭州云栖大会上提出过的新零售的要点。其实早在 2014 年 1 月美汇网就开始了轻电商的运作。未来需要通过新零售的方式使得线上线下进行融合，其实主要是将电商 PC 店、微信商城、移动 App 和线下的直营门店、加盟门店等进行结合，另外将商品、库存、服务、U 会员等环节一一对应，形成一个完整的新零售的商业整体。

2. 智能化

轻电商是智能化的。人们通过技术的升级来完成指示操作，重构传统零售的人、货、场，使其呈现智能化改造终端，并依托于 IT 技术，对交易的每个环节都实现智能化。其次还可以对店铺进行智能化延伸，以衣服卖场为例，可以通过智能化 3D 试衣镜等科学技术构建丰富多彩的购物环境。

3. 新型店铺

轻电商时代的店铺不同于传统意义的店铺，轻电商时代的店铺应当做到不仅仅是购物场所，同时也是社交场所。店内不只是用于展示商品，还应具备更多的多元化展示。

4. 线上订单多于线下订单

新零售时代的线下体验必然会带动着线上订单，企业依托线上平台和客户建立联系，同时智能化的零售场景吸引客户线上下单，最后的结果必然是线上订单多于线下订单。

5. 去库存

未来的零售方向一定是按需备货，工厂按需生产，不会再有今天这样的库存堆积等待客户购买的尴尬情况的发生。另外，随着科技的升级，零售行业的物流、信息共享等功能会有更好的发展，能更高效地将各地仓库连接起来，最终实现门店的去库存。

在轻电商时代，企业依托互联网、高科技和大数据对线上线下资源进行融合，最终形成轻电商。轻电商时代将商品、交易、会员和营销等零售环节冠以科技之术，令消费者在购物的过程中还能有多重体验，增加购物的多样化，实现购物的智能化。

电商回归实体店，融合全新的新零售模式

随着电商时代来临，传统零售业的没落，身边越来越多的实体店退出了商业舞台。但电商就能永远兴盛吗？不是的，随着电商的瓶颈期到来，电商平台每天也是有人来有人走。

因此，人们对传统零售业和电商零售业都充满消极的态度。他们说实体零售行业因为受到电商的冲击而难以维持，总有一天会退出历史舞台。还有人说线上的电商获取流量的成本越来越高，总有一天也会迎来倒闭的浪潮……这两种声音出现了很多年，当然，没有人能给出正确的答案。

实体店最后是会集体消失还是重振旗鼓？电商是否有一天会取代实体店？实体店会继续"阵亡"还是"崛起"？让我们来看看实体店、电商以及业内专家怎么说。

一、电商目前无法替代实体店的三大作用

"电商目前是不可能取代实体店的。"持这种观点的专家，分析得头头是道。他们的理由有两个。

首先，电商开始之时，因为其获取流量的成本较小，店铺之间的竞争不是那么激烈，所以商品的低价吸引了很多客户进行消费。但是随着电商的日益壮大，平台的获客成本变得越发的高昂，成本的攀升直逼实体店面，这让很多商家和消费者都感受了很大的压力。

其次，实体店作为便捷的消费场所，其即时体验的优势是电商代替不了的。以合肥百大集团为例，该集团的相关负责人表示，作为合肥市知名的百货企业，其销售额一直稳步提升，如果将其进行装修升级，其销售额还会以每年两位数的速度增长，届时百大鼓楼的销售额将有望突破16亿元。在该负责人看来，电商虽然有很多优势优于实体店，但是类似于餐饮、社交等体验方式是无法通过电商获取的，这是电商无法代替实体店的重要原因之一。

再者，"80后""90后"作为新成长起来的社会中流砥柱群体，是商业相互争夺的目标群体，这两代人的特性之一，就是需要通过体验来判断商品。

另外，消费者在实体店里游逛的线下愉快体验感是电商无法满足和代替的。

从这几点来看，传统零售业的确具备电商无法取代的作用。

二、网络零售依然处于过渡阶段

据商务部发布的《中国电子商务报告（2016）》显示，2016 年中国通过电商平台购物的人员达到了 4.67 亿人，2016 年网购交易额约为 26.1 亿元，这意味着随着互联网的发展壮大，中国零售市场的影响力将会越来越大。

报告还显示，随着智能手机的普及，移动端购物是人们进行网购时首先选择的购物方式，移动端购物占整体购物交易的 70% 以上。

在电子商务时代，安徽省的电子商务市场有着不错的表现。据有关数据显示，2016 年安徽省电子商务交易额达到了 8000 亿元，其中网购零售的交易额达到了 1094 亿元，是电子商务方式诞生以来首次超千亿元。

截至目前，安徽省在电子商务方面有 3 个国家级电子商务示范基地、2 个国家级电子商务示范城市和 21 个电子商务进农村综合示范县。

合肥学院房地产研究所副所长凌斌提出了电子商务正处于过渡阶段的看法，他认为目前线下线上的结合发展还没有形成，加上网民的缓慢增长，传统的 C2C、B2B 模式必然无法满足用户的新生需求。

与此同时，也有很多人认为随着人们生活水平的提高，以及新中产阶级"80 后""90 后"的崛起，低价战略的电商已经无法满足消费的中流砥柱们对产品品质的要求。人们追求的不再是低价的产品，而是高品质的性价比产品。

三、多家知名电商倒闭

2018 年 1 月，有细心的消费者可能会发现，曾经连续 3 年位列童装类目第一名的"绿盒子"童装，在电商平台商已经搜索不到了。

电商的出现，缩短了人们的购物时间，节省了人们购物的精力，这种方便快捷的购物方式自诞生以来就迅速获得了人们的支持。但是随着电商的迅猛发展，一些没有及时跟上消费者需求的电商出现了危机，导致了电商的倒闭或跑路。

作为电商平台的创始人，马云其实早有"未来纯电商即将消亡"的预测。他认为，电商的发展已近瓶颈期，即将到来的新零售时代将开启人们新的购物时代。

当电商遇到了瓶颈期，急需从线上走向线下，当线下受电商波及摇摇欲坠，急需线上资源的运作，就这样新零售诞生了。在新零售的大时代已经来临的今天，由阿里巴巴和京东两大电商巨头牵头的新零售模式，将以体验店形式席卷线上线下成为时代的新潮流。

电商回归"店商"

一、亚马逊开实体书店

曾经做了 20 多年图书销售的亚马逊，不仅改变了人们的买书习惯，还瓜分了很大一片图书市场。正是由于线上书的便捷和普及，导致了实体书店的纷纷倒闭，这种现象在国内外皆是如此。

在英国，过去的十年里有三成以上的书店纷纷倒闭；美国最大的书屋也关了好几家分店。眼看着书店没落，很多人都感慨盛行了几千年的书店就要被互联网冲击得片甲不留。

然而，就在人们的阅读习惯从线下转移到线上之时，亚马逊却突然宣布将开实体书店！

这个消息一经发出，就引起了人们的轰动。更有网友表示，亚马逊开书店给我的感觉就像是"亚马逊刚说服了我跟我老婆离婚，然后又要我娶她"。

这个比喻诙谐幽默，让人忍俊不禁。但笑过之后，你可曾想到，这是亚马逊从电商转型进入新零售的开始！

二、京东要开 50 万家便利店

与亚马逊受到电商的冲击而转入新零售一样，京东也把目光从线上转移到线下。

当一二线城市的实体零售超市受到电商冲击，纷纷开始转战三四线城市时，京东突然宣布，5 年之内在我国农村开 50 万家连锁便利超市。这一宣布不亚于投下一颗炸弹，让整个电商行业都震惊了。

对于超市的扩张，京东采用的是靠优厚的政策吸引人们前来投资：零投资费、零管理费、零培训费，只需要缴纳一定的保证金即可开业。

对于条件的放松并不意味着便利店的杂乱无章，京东要求开店人员必须保证店中商品的真实无假货，对假货零容忍的原则也被运用到了便利店中。

三、阿里巴巴和苏宁携手共赴线下

在新零售时代，各大电商企业都在摩拳擦掌，跃跃欲试。有能力的、条件具备的便独自进入，如京东。条件不具备的则创造条件，寻找合作伙伴，一起进入，如苏宁和阿里巴巴。

当苏宁和阿里巴巴宣布线下合作时，人们并不惊讶。因为苏宁电器作为遍布全国的知名电器商，其拥有的强大的物流和配送系统是阿里巴巴选择合作的关键。而阿里巴巴强大的线上流量平台，结合苏宁的强大物流配送功能，真正实现了与消费者的无缝对接。

消费者可以在网上下单，选择配送或者自己去门店提取。如果消费者在天猫上下单苏宁的电器，苏宁电器将最快在 2 小时内将货品送达，强大功能的结合预示了新零售时代的到来。

四、"小米之家"的几百家线下零售店

在新零售时代，以电商起家的小米自然也是率先进入。

2016 年 11 月，"小米之家"体验店在昆明顺城王府正式开张，该店除了有常规的产品展示，还有体验、咨询和销售等全面地体现在店中，力求为消费者制造一个"开放式购物体验"。

此前在小米的产品发布会上，雷军就宣布将"小米之家"在全国范围内开至 200 ～ 300 家，并对线下零售进行探索，打造出一个新国货背景下的新零售。

五、线上线下两手抓

线上企业需要结合线下发展，线下企业需要依靠线上获客。百货巨头们纷纷做好了战斗的准备，以全新的商业模式回归电商。更多的企业则更加注重线上线下的连接，对于流量的引入和购物的体验都要两手狠抓。

因为相当部分的消费者已经形成了固定的消费习惯，线上线下对于这类消费者来说界限模糊。合肥学院房地产研究所副所长凌斌表示：随着时代的发展，零售商业将会慢慢回归其零售的本质，这是毋庸置疑的。在新零售时代，零售业将会回归以人为本的经营理念，力求购物环境的智能化和多元化，将会成为零售业的主流。

与此同时，利用互联网的强大力量，科学技术的创新发展，大数据占领先机的今天，越来越多的品牌会有意识地将线下店面作为体验店面，通过线上获得订单，实现线上线下深度融合的新零售样本。

Chapter 3

新零售和新智造，改革深水区里的超级风口

随着阿里巴巴宣布"新零售"战略的启动，2017年的商业变革拉开了序幕。京东商城随后也表示，将用接下来的12年对之前建立的商业模式进行改变，弱化电商的概念，强调技术革新。

而由马云提出的"五新"：即"新零售、新制造、新技术、新能源、新金融"，正在指导着商业之路朝着更先进的方向改变。

作为"五新"开始的伊始年，我们不禁要发出疑问，谁能够抢得A股公司中"五新"先机呢？

新零售：进入零售业改革深水区

基于传统商业零售的优势，阿里巴巴私有化银泰，入股三江购物、苏宁云商、日日顺等不仅为新零售时代打下了基础，还在 A 股引发了不小的轰动。对此，一直致力于新零售研究的丁昀认为，零售没有新旧之说，只有真假之说。阿里巴巴和三江购物、苏宁云商和银泰的合作关系的日益亲密，意味着马云已逐渐踏入零售业改革的深水区。

一、新言论：各行各业话新零售

在新零售的发展上，各路行家都纷纷表达了自己的看法和观点。

马云曾说，2017 年开始，阿里巴巴将不再致力于电商的发展，纯电商的时代很快将会成为过去。随着人们需求的增加，阿里巴巴将会打造线上线下资源以物流为连接进行融合的新的零售商业模式。届时，物流将从"比较谁快谁慢"转变为"帮助企业消灭库存，打造零库存"的局面，从根本上对传统物流进行变革。而随着新零售时代的到来，制造行业也将受其影响，从原来的规模化、标准化定制转变为个性化、智慧化的按需制造，而制造业的模式也很快将从 B2C 转变成 C2B 模式。

丁昀则表示，因为受中国大背景的影响，以前的实体零售行业其实不能称之为真正意义上的零售，其本质其实充当了一个二手房东。在那个品牌渠道为主导的时代，零售行业经历了一场飞速增长的阶段，品牌商利用提高价格来供养供应商，成为厂商主导产品的时代。而随着互联网的日益强大和新零售时代的到来，中国零售业将迈入"消费者价值时代"。

达晨创投董事总经理高洪庆说："我认为新零售和新制造应该更多表现在研发投入上，将过去的渠道差价反哺研发，给消费者带去真正优质和高性价比的产品。"他认为，定制和柔性供应链将会成为未来的趋势。

大家虽然言辞不同，但都对新零售的未来充满信心。

在受访的 300 多家和阿里有过合作的上市公司中，快消、零售和家电行业都有过将互联网平台用作自身转型"互联网 +"的平台，这样的合作方式少有资本联动，多是以合作的松散形式存在。而在 2015 年以后，随着消费类公司与阿里巴巴共同构建数据中心，不断加强 C2B 的发展，遂出现了入股等更为亲密的资本层面。

以阿里巴巴入股三江购物为例，在双方形成合作关系后，将自己的便利店和三江进行融合，低调出现在了宁波地区用户的淘宝界面上，并由三江进行公告称，新零售尚在摸索阶段，结合线上线下的优势，为了求变，不被时代抛弃，三江购物宁愿剥离原始的烟草零售业务，也要搭上新零售的时代快车。

随着新零售的推进，"新制造"也应运而生，不管是新零售还是"新制造"，其本质都是利用大数据等升级技术为产品实现产销双方价值上的链接。基于此，上海家化和阿里巴巴就大数据技术进行了合作，成立了国内首个大数据日化产品研发实验室。利用阿里巴巴提供的日化方面的大数据，对消费者的喜好进行研究总结，升级产品的不足之处，提高营销的准确度，完成上海日化对产品的升级研发、销售、营销和售后，提供有力的数据支持。此外，上海家化和阿里巴巴还对 C2B 定制等环节展开了深度合作。

二、新智造，从 B2C 走向 C2B

将"新制造"理解成"新智造"可能会更为贴切，马云对"新制造"的理解是：因为受零售行业变革的影响，传统的制造行业将会随着新零售的到来而发生从 B2C 走向 C2B 的变化。

即从以前的规模化、标准化生产发展到定制化、智慧化的生产，制造行业更为注重的是按需生产，做到最大化的可掌控。所以，"新制造"的到来不仅仅是制造的智能化，还要依托阿里巴巴的数据资源才能得以发展，才能够从产业链的销售环节向前跃进生产、采购、供应链等。

正如阿里巴巴集团 CEO 张勇预测：阿里巴巴的下一个增长引擎一定

是"万物互联"领域。而阿里巴巴集团 CTO 王坚则认为,智能家电将成为物联网产业链中最具价值的信息端口之一。

2014 年至 2016 年,因为"万物互联"的诞生,很多行业领跑者均和阿里进行了合作,包括美的、深圳康佳、海康威视、上汽集团、大华股份、中兴通讯等行业龙头企业。

其实早在 2014 年,阿里巴巴便与美的展开了高级别的战略合作。2016 年 9 月,美的与阿里巴巴集团首次合作研发了"OS 集智"智能冰箱,这款冰箱引用了 YunOS 智能操作系统,由双方共同研发,成为了"万物互联"的一个缩影。

2015 年,阿里巴巴的天猫和深圳康佳进行了合作,天猫为其提供了电商的资源和软件技术的支持,康佳电视则在电视成品中安装了阿里巴巴家庭娱乐服务平台,双方的合作旨在打造互联网的电视生态圈,同时双方对利益的分配作了明确的规划。

2014 年 4 月,阿里巴巴集团宣布与华数集团达成了战略合作,华数集团将为股东史玉柱、云煌投资和谢世煌的云溪投资增发融资 65 亿元人民币。而云煌投资的股东分别是持股 99% 的马云和持股 1% 的谢世煌,谢世煌作为阿里的创始人之一,其认购资金来源于阿里巴巴。入股后,云溪投资将持有华数传媒的股份达到 20%,期限为三年。

除了华数,广电传媒类公司可以说是阿里巴巴众多合作伙伴中较为特殊的,它几乎囊括了所有主流 A 股广电传媒公司。而华数传媒成了阿里和广电合作的重要的桥梁。2015 年 6 月,华数智屏信息技术有限公司和吉视传媒有限公司签署了华数智屏为其"电视淘宝"业务开放运营平台的协议,双方就此达成合作。

类似的是，阿里巴巴与电广传媒也就推广阿里云平台的机顶盒事宜达成了协议，这款来自阿里巴巴的机顶盒除了具备常规的影视内容，同时还具备阿里平台的支付和购物功能。除此之外，阿里巴巴在 2015 年还曾以主运营商的身份参与了中国电视院线运营公司的筹备建设。

本次的筹建包括中国广电网络公司、中影股份、"金砖丝路"投资以及阿里创业投资。其中，阿里巴巴创投占股 6%，并在占投公司的一致认可下，由阿里巴巴选派的人员出任负责人对公司运营进行主要把控。之后，歌华有线还与包括天威视讯、吉视传媒等有线运营商共同创建了嘉影电视院线控股有限公司，自此，便构成了歌华有线"电视院线运营"的两层架构。

除了被人们熟知的电视、家电端口，阿里巴巴也开始对智能家居甚至汽车等领域做出了端口延伸。ITO 中就包括了智能家居在内的多种智慧产品。尽管市场还没有出现大规模的智能效应，但是在很多领域智能化已经初具规模，其中就包括了安防领域、通信领域等。

三、苏宁和智慧零售

"纯电商时代很快会结束，未来的十年、二十年，没有电子商务这一说，只有新零售。"马云作为电商的发起人，其走在科技前端的商业模式奠定了其说话的基础，人们认为，马云的发言是商业变革的前兆。事实上，雷军也表示新零售其实就是一场商业效率的革命。

2018 年"两会"，作为苏宁控股集团的董事长张近东提出了"智慧零售"的概念。他认为智慧零售是技术的升级，是消费升级的又一次革命，是社会发展的必然，依托强大的全渠道零售，并希望自己的梦想能够升级。

1. 苏宁的 O2O 模式创新挑战

苏宁从来就是不缺梦想的集团，从空调专卖店到家电连锁店，再到 O2O 零售，再到 3C 卖场，苏宁一直走在升级梦想的路上。而今天的苏宁能够站在行业的前头，依靠的不仅仅是自身的努力，还有时代的推进和竞争对手转变而成的动力。

今天，面对新的技术和时代，苏宁又迎来了 O2O 模式的创新挑战。

张近东认为，零售业其实一共经历了三次变革，前两次的变革都是率先发生在海外，且都是实体和互联网之间的革命。而如今，缓缓而至的智慧零售模式就发生在我们国家，它引领着第三次零售革命，它融合了线下零售的优势和线上零售的特点，几乎覆盖了零售业的所有场景，如此，一场商业变革正在徐徐展开。

在零售业不断变革的 30 年间，苏宁一直站在行业的最前端迎接一个又一个对手，对苏宁来说，又一场赛跑此时拉开了序幕。

2. 智慧零售的优势

2017 年 2 月，就在阿里巴巴宣布将与上海老牌零售企业百联集团合作的时候，小米提出了 2017 年在全国范围内增开 200 家实体店，并大力拓展零售的渠道。随后，京东也爆出了将要增加线下百万门店的计划。对此，张近东认为，正是因为智慧零售时代的来临，打破了线下线上未有重合发展的局面，才能引来商业大佬们的重视，才能使得苏宁的门店资产在这场商业变革中变得更有价值。

苏宁云商集团的董事长孙为民表示，智慧零售的优势，是基于大数据的技术手段对消费者的需求和行为习惯加以分析，超前把握消费者并根据大数据的分析结果制定精准的营销方案，抢占市场的先机。而这对于一个只有线上业务或者线下渠道的零售方来说都是无法做到的。

对此，张近东强调，不管线上线下如何布局，其核心本质都是围绕着消费者展开的，都是为了给消费者提供更好的服务，为消费者创造更好的消费体验。而为了能获得消费者更满意的结果，苏宁对自身又进行了一次自我革命。

在向互联网转型的过程中，苏宁面临着一次又一次的挑战，也在挑战中解决了一个又一个困难，这为以后的业绩打下了坚实的基础。

对于苏宁来说，转型的过程是苏宁的一笔珍贵的财富。在苏宁具备了线下和线上的全名服务能力的同时，也解决了互联网企业的痛点。

苏宁云商集团副总裁田睿说，"线下的人希望线上的给我引流，线上的希望线下成为我体验的地方，那么客户真的来了，这个利益究竟应该如何分配？"

田睿在提出问题的同时，也给出了答案：O2O零售最难的其实并不是技术，而是整个流程的重组、构建以及内部的利益分配等问题，而利益分配的问题也导致了很多线下线上合作的无果而终，因此要重视解决这个问题。

新零售的先驱者们仍然需要进行一段时间的探索。

竞争回到原点，融合成关键所在

苏宁控股集团董事长张近东认为，随着互联网能力的普及，越来越多的企业已然成为了运用互联网力量的高手，而当所有企业在互联网的运用差距渐渐缩小之后，那么企业和企业之间的竞争就会回到原点，这时候如何能够将资源有效融合，就成了解决问题的关键所在。

一、修得线下线上全面能力的先见之明

最近几年，O2O零售等关键词被张近东频繁提起，他不断地通过媒体向人们提前灌输"O2O零售"的理念，并通过打造苏宁的线上线下的

融合，创造出行业中独特的苏宁的线上线下零售体系。而时至今日，苏宁仍然在为智慧零售准备着，随着信息的逐渐披露，各行业出现的大力转型以及行业风向标们的循循追导，越来越多的零售业人士意识到，从线上走到线下，这是大势所趋，也是零售业不得不面对的问题。

在这个飞速发展的时代，除了互联网的投资者开始越来越多地关注投资的盈利，消费者们也纷纷开始注重购物过程中的消费体验，如此种种，一直引导着零售市场向线下回流。

而在整个零售业如此特殊的阶段，苏宁有先见之明，早就具备线下线上全面能力的企业，在遇到现实的关于利益分配的问题时，已经有了更好的解决方法。所以在推进全场景零售、全渠道零售和智慧零售时，会比其他企业更有优势。

占尽先机的苏宁在接下来的发展中已经开始了快人一步的线下零售创新，包括苏宁母婴店、苏宁超市等新业务，都是通过线上的引流和助推才得以迅速发展的。

二、新零售中的手机战场

在这场新零售的战争中，苏宁不只是有自己的独特想法，在打法上，也和往常有所不同。往年，苏宁从事的一直都是家电，2017 年却一改打法，将消费战场转移到手机上。

2017 年年中，各家网站都火爆了。面对每年年中各大电商的年中大促，苏宁却转变了家电方向，改成了京东的核心品类——手机。

苏宁对手机的大力促销，推出了满 490 减 50、满 990 减 100、满 1980 减 200 的活动，优惠力度很大，而京东只有满 990 减 50 和满 1980 减 100 的优惠措施，并且为消费者保证"30 天包退、180 天只换不修"等。

而在手机的型号上，苏宁也是做足了功课，受人喜欢的 iPhone 7P 128G 爆款手机在"苏宁易购"上，双网通的价格只需要 5988 元便可以将手机带回家，比京东商城上足足便宜了 500 元。

面对苏宁的新打法，苏宁云商副总裁顾伟表示，苏宁易购还将在年中大促时创造出更多的爆款低价产品。

而说到为何苏宁会把年中大促产品重心放在手机上时，有分析认为苏宁是基于目前的手机实仓线上渠道进入缓慢阶段，而线下零售却呈现了持续增长的局面。

在这个年轻人更加注重品质和体验的时代，消费升级也席卷了整个手机行业，或许这才是苏宁选择手机进行开战的重要原因吧。

而优惠的价格也体现了苏宁强大的供应链系统。在与天猫的联合采购中，苏宁易购发挥了强大的线下线上天猫旗舰店的通路能力，对于实现批量化的采购和精准客户的营销销售起到了关键性的作用，如此，也大大降低了产品流通的成本，提升了整个供应链的效率。

根据知名人士透露，在苏宁易购的年中大促时，还将投放苹果与苏宁易购联合的广告，而这也是苹果公司与大陆地区合作伙伴同时亮相的第一次，这从侧面说明了苏宁易购强大的供应能力。面对市场上层出不穷的翻新机、非行货等问题的困扰，为了使消费者放心，苏宁易购向消费者们承诺了"贵就赔、如约送、延时赔、代客检、急速退"五项服务，并在产品的准时送达等方面做出了有力改变。力求从用户出发，让消费者在购买过程中用最低的价格获得最好的体验。

不仅如此，其实早在 2017 年年初，全国范围内约 400 家苏宁易购门店开设了手机的售后服务站，为购买手机的消费者提供从销售到"售后一体"的服务。在市场反映良好的情况下，2018 年苏宁易购准备扩展至 500 家，并携手小米、华为等品牌商家在苏宁易购门店内建立售后服务中心，提供 1 小时快修服务，为客户解决后顾之忧。除此之外，在苏宁易购年中大促期间，还专门针对果粉反映的手机电池的问题推出 99 元换芯的服务，解决了果粉的后顾之忧，为消费者提供了更为周到的消费体验。

苏宁易购还致力于渠道的建设。2016 年年底对南京苏宁易购淮海路店进行了装修升级，将店面风格改为年轻人喜欢的风格，旨在将卖场打造成为年轻人的社交场所，成为具有个性和时尚标签的年轻人的休闲地和一个多功能化的社区。随着消费者消费体验的升级，苏宁易购也获得了各界的好评，而苏宁的这一创新启动了手机零售渠道的革新之路。

苏宁易购的体验店在获得了市场的认可之后，将很快向全国三、四线城市推广开来。相关负责人表示，苏宁易购的手机加盟店，一定会以规范的服务和完善的管理以及先进的店内模式，确保产品的正品和低价，为消费者提供更好的购物体验，一切以消费者为中心，保持加盟店的活力和可持续发展。

阿里云，打造未来新零售基础的主力军

在 2016 年的杭州云栖大会上，马云就曾表示，年后将会引发以新零售为首的新零售、新制造和新金融的变革。而回顾阿里巴巴和 A 股上市公司的许多合作，我们不难发现，阿里巴巴的地位是不可撼动的。而阿里巴巴的一位负责人在与记者描述阿里云的定位时这样说："如果说整个阿里集团志在打造未来新经济基础设施，那么阿里云就是基础的基础。"

一、阿里云和应用场景

2017 年年初，阿里巴巴升级了组织架构，任命阿里巴巴集团的首席技术官兼任阿里云的 CTO，此举意味着阿里巴巴的整个研发力量将通过阿里云输出，可以说，阿里云就是阿里巴巴对外技术的名片。

除此之外，阿里云向着 A 股迈进的脚步也从来没有停止过。据统计，从 2014 年到 2015 年的两年里，阿里云就曾和包括中国软件、浪潮信息、浪潮软件在内的十几家公司就软硬件及信息服务类内容达成了战略合作。

进入 2016 年，阿里云改变了与软件及系统集成企业的合作方向，开始倾向于个人应用场景的合作，向汽车等行业快速渗透，力求争先建立起时代各行业的标杆。以美亚柏科为例，在 2016 年的杭州云栖大会上，阿里云就运用云计算的大数据来解决公安需要的信息方案达成了框架合作协议。而润和软件也和阿里云达成了合作，双方就向金融领域建立和推广基于云的运营服务达成了一致。除此之外，很多行业龙头也纷纷加入到阿里云的合作中，其中就包括中石化、中石油和中国联通等知名企业。

"2016～2017 年交接，最难啃的行业已经破冰解冻，中国的云计算发展环境已经非常成熟。"阿里云负责人很有信心地说。

在消化了一部分的合作事宜后，阿里云开始转向了智能制造的方向。

二、阿里云和智能制造

2017 年，阿里云除了进行国际化运营的加深和拓展，还帮助传统的工业制造进行技术和智能化的升级。目前，江苏、广东等地区已有了智能制造的身影，阿里云功不可没。另外，阿里云还将继续向物联网和汽车工业的方向前进，为其推出顺应时代要求的解决方案。

阿里云的架构师欧阳克表示，智能制造的基础是大数据，而云计算将在智能制造领域发挥巨大的作用，将会为制造业客户的满意度贡献一杯羹。云计算将通过大数据分析计算企业从分发到仓储物流等各个环节的能力，为企业价值和效率的提升做出巨大的贡献。

"举例来说，如果实现了上下游信息协同，物料供应商能检测到生产厂商的物料实时状况，物料不足时及时补充，对物料有新要求时及时调整等。"欧阳克如是说。

三、阿里云和波司登的零售云平台

为了实现以数据作为企业的驱动促进企业的发展，也为了加速企业的智能化制造的转型，江苏省经信委与阿里云在云栖会议·南京站共同启动了江苏"1+30+300"工程。即，推进江苏省内 30 家信息化、工业化融合服务机构的产生，促进 300 家省内制造企业利用云计算、人工智能提高企业效率。

江苏省利用阿里云的云计算争取制造型企业的转型，是深思熟虑的结果，并非头脑发热的决定。因为早在计划宣布前，阿里云就完成了工业领域的探索。

在江苏常熟，波司登和阿里进行了合作，波司登利用阿里云提供的互联网技术和来自大数据的支持，和阿里云一起打造了一个全新的"零售云平台"。该平台在投入使用的 5 个月后就实现了全面的数据呈现和分析，即波司登信息总监桂益龙坐在办公室里，就可以及时了解全国几千家门店的销售数据和库存，所有的工作环节均可以转化为数字呈现，令管理者们对实体零售店的运营情况了如指掌。

1. 预存库存，事关零售业的生死存亡

在创业初期，波司登还是一家只有 8 台缝纫机和 11 个农民工的小作坊，如今的波司登已经成为了拥有 40 年历史的羽绒服知名品牌。在经历了上一个 10 年的高速发展后，和其他传统服装业一样，波司登也面临着来自市场和时代的严峻考验。

桂益龙在接受采访时感叹："做零售是一件很苦，但是又必须要做的事。"随着市场供应的数量化，品牌之间的竞争也变得日益激烈起来。而门店租金的上涨使得产品的销售成本也在不断提高，导致利润企业的利润减少、业绩下滑，这些都是必须要面对的困难。"传统的代理分销模式已不大适合企业发展，因为无论是从消费者反馈还是供应链体系来说，响应速度都太慢了。"桂益龙如是说道。而慢，会给企业带来很多问题，第一个因为慢给企业带来的困扰就是库存的增加。

作为一个在全国拥有 3000 多家门店的知名品牌企业来说，"想要很精准地预测在什么时间、把什么货挪到什么地方，是非常困难的。"

而这样的问题其实遍布了整个服装行业。究其原因，问题出在这一行业的经营方式上。因为服装行业的特殊性，在每一季来临之前，为了保证当季的衣服能够及时上新，就需要设计师提前设计，工厂提前加工，一般来说每一季的新款衣服都会在 8 ~ 9 月份就已经定下，经销商也会提前 4 ~ 6 个月备货，以确保当季能够及时上新。

但是因为从设计加工到上新，中间间隔的时间太长，待到需要上新之

时已是半年以后,这半年中是否有了其他的火爆的流行元素,市场在这半年中有没有发生什么动向等因素都影响着服装品牌的生死。以前的市场是这样的,具有未卜先知功能的人是不存在的,可是在科技发达的今天,随着大数据的出现,或许到了我们能为服装行业做些什么的时候了!

2. 傻瓜式管理不傻瓜

了解到波司登以及服装行业面临的困顿之后,阿里云利用互联网的中间技术为波司登打造了一个"零售云平台"。这一平台汇总了波司登原本分散在全国各地的仓库、门店以及线上线下的库存数据,这样的数据呈现大大提高了波司登的管理效率,通过"零售云平台",管理者对各地仓库、门店的库存数据可以一目了然,为企业的高效管理提供了强大的数据支持。

除此之外,阿里云还为波司登建设了一个"库存中心",即波司登的交易、销售和会员等所有处于交易链上的信息,都被整合成关键数据呈现在平台上,实现了真正的"傻瓜式分析,傻瓜式管理"。

基于数据中心的自动补货系统,波司登在平台的基础上大胆取消了经销商,由系统自动为经营门店补货的试点区域,且收效良好。库存中心的的智能补货系统为波司登减少了 21% 的损失,售罄率同比增长 10%。

"以前,IT 部门就是个花钱的部门,除了运维,就是打申请买新的服务器。"桂益龙如是说道。"零售云平台"的出现大大提高了企业的工作效率,也提升了团队的战斗力。现在,依靠新技术和新能源创建的这一平台,不仅降低了很多 IT 成本,还大大提升了品牌的盈利能力。

桂益龙对阿里云的评价非常有趣:"更像是用中药来帮企业做整体的

调理，需要的时间比较长，但这是在帮企业夯实基础，把数据的力量变成企业齿轮转动的动力。"

　　传统零售行业转型的路还很长，但是无论如何，波司登已经迈出了第一步。

新零售模式的四大流程

万科的王石曾经说过："淘汰你的不是互联网，而是你不接受互联网，是你不把互联网当成工具跟你的行业结合起来。最终淘汰你的还是你的同行，他们接受了互联网，把互联网跟自己做的事情结合起来，淘汰了你。"

在新零售时代，只有企业接受了互联网，并掌握了新零售的四大流程，才能得到发展。

一、线上引流和线下体验

行业资深人士袁维文认为，企业想要通过电商来提高自身的影响力促进公司的发展，融合线下线上的资源是最关键的问题，因为只有将线上的引流优势和线下的体验优势充分融合，才能够让厂商双方都获利，双方达成一致合作共建服务、共担风险，才能迎来双赢的最后结局，也只有这样才能够让消费者在产生消费行为时利益最大化。

目前，随着人们越来越依赖于电商，电商的飞速发展也促进了互联网技术的不断进步，如此，企业进驻电商的成本将会变得越来越小，线上线下的成本也自然减少了。想要利用互联网获得成功，首先应该具备互联网的思维，接受互联网带来的新的商业模式。

要想利用互联网，首先我们应该了解互联网的电商平台。电商在过去的十年里取得了空前的成就，电商的出现缩短了人们购物的距离，极大地方便了人们的日常生活，总结起来电商的优势就是不受区域和时间的限制，减少了不必要的流通环节，依然快速而有效地完成了客户的购物指示。

厂商如果想获得更大的进步，对于电商的优势就要了解并以致用，即利用电商的引流功能实现消费者的线下体验。如"新特丽"照明就入驻了淘宝的"极有家"O2O频道，成为了线下"新特丽"和"呢喃"的品牌加盟商，这样的合作不仅提升了产品的销售量，也维护了加盟商的利益，获得了业界的认可。

二、物流配送和售后维保

除了线上条件要利用得宜，线下渠道也要发挥优势，为线上引流而来的流量做好背后工作。

以传统照明企业为例，在利用电商的线上引流后，线下的安装、销售、售后和服务等都要有深层次的提高，以此来保障客户购物能够获得最佳体验。而线上电商发展成熟以后，也可以予以电商以适合的引导和错位经营来为线下提供保障，从而达到利益最大化的目的。

最后，线下线上的布局要扬长避短，向着线上线下完美融合的方向迈进。对于企业来说，建立起和线上相呼应的线下体验馆也是相当重要的。

电商的特点之一就是没有边界，但是线下的情况刚好相反，它是有辐射范围的，所以如何针对各自的特点取长补短实现完美融合，是企业需要面对的问题。另外，体验店给客户带来的体验感受也是至关重要的。

除了客户的体验，如何将销售、营销、服务等串联在体验店中，这也是企业应该思考和解决的问题之一。

新零售的新挑战：阿里云

在新零售时代，要想走得更加稳畅，除了要懂得新零售的四大流程之外，还离不开数据分享平台。在众多的数据分享平台中，阿里云是最让企业放心的。

阿里云作为一个数据分享平台，安全高超的科技能够让它为企业提供非常安全可靠的计算。因此，在新零售时代，阿里云深受各大企业的青睐。在众多的合作企业中，各行各业的都有，比如珠宝商零售商们。

一、阿里云助力钻老板，打造 SAAS 新零售系统

珠宝零售商们最宝贵的数据，便是 VIP 会员。珠宝商零售商们把这些会员数据放入钻老板智能会员管理系统，以便于后期为门店带来价值。

钻老板智能会员管理系统的确能帮助珠宝零售商实现会员回访、生日送券等任务。但这还远远未能开发出会员数据的价值来，尤其是在新零售开展得如火如荼的时代，想要把珠宝会员价值最大化，只是依靠钻老板智能管理会员系统是不可能实现的。

但是将它和阿里云组合在一起，那效果就截然不同了。于是，在2018 年 5 月，阿里云和钻老板智能会员管理系统携手，创立了 SaaS 新零售系统。

SaaS 系统作为 21 世纪开始兴起的一种创新型的软件应用模式，一经推出就以其低廉的使用成本、方便的远程协作和快速的更新迭代等特点，而受到诸多企业的认可。

因为有了阿里云的参与，所以 SaaS 系统具有云端存储数据的特点。这一点，是传统的 EPR 软件所不具备的。

因为其云端储存数据的特点，对比传统的软件面临的服务器被偷被没收的情况，SaaS 软件会更加安全放心，这也是 SaaS 软件一经推出就获得企业的支持与好评的重要原因。

我们从第三节就一直在说阿里云，现在也看出它在各个行业和场景的作用，那么究竟什么是阿里云呢？接下来，我们用一小节专门来介绍一下阿里云吧。

二、究竟神通广大的阿里云有什么本领

阿里云，是阿里巴巴集团旗下领先全球的云计算及人工智能科技公司。从诞生那一刻起，它就致力于提供云数据库、云服务器、云安全和云计算等安全服务，也以大数据、人工智能服务等为基础为行业提供解决方案。

1. 在国内大显神通

截至目前，阿里云服务的行业已经涉及了交通、制造、金融、医疗、通讯和能源等多个行业。阿里云的客户来自各行各业，其中包括中国联通、中石化、中石油等大型的企业客户，还有微博、知乎等知名互联网公司。

除此之外，阿里云也能挑起更大的重任。在天猫"双十一"狂欢节、12306 春运火车票的购票系统等极富有挑战性的场景中，阿里云依然能够保持着极佳的运行状态，因为它的参与，让这些场景得以顺利地成功完成。由此获得了人们的一致肯定。

阿里云不只是在国内各个行业中大显神通，它现在已经冲出国门，并得到德国联邦信息安全局的认同，并完成德国 C5 云安全（Cloud Computing Compliance Controls Catalog）标准评审。

2. 通过德国 C5 云安全标准评审

德国的 C5 标准评审，是由德国联邦信息安全局发起的一项数据的保护标准。截至阿里云之前，全球还没有云服务提供商获此殊荣。也就是说，阿里云是全球唯一一家获得所有 C5 标准的基础要求和附加要求的云服务

提供商。这也说明，阿里云数据的安全性获得了国际性"最严谨"的标准认可。

阿里云通过这一标准评审，等同于获得了世界尖端的认可。德国的C5标准评审是深受业界认可的数据保护的标准，其114项的基础要求覆盖资产管理、运维管理、物理安全等17个重要安全方面。同时还有52个附加项目，对密码管理强度测试周期等有着很高的要求和标准。阿里云通过了德国的C5标准和所有的附加要求项，这意味着阿里巴巴将作为首家通过C5标准的服务提供商，其已进入了全球的领先位置。阿里云也会在C5的标准上向着更高要求前进。

3. 阿里云的安全运营

在安全运营方面，阿里云也提出了"1+3"的理念，即通过自动化监控与响应、安全融入设计和红蓝对抗与改进3个安全手段，实现保护用户数据安全这1个核心目标。随着"1+3"理念的逐渐成熟，在阿里云的强力运营下，阿里云检测出了近100%的内部漏洞和风险，为解决数据风险提供了有效的支持手段，并在控制和追踪能力上覆盖了几乎所有的云服务。

为了使阿里云更为符合规定，也为了其安全风险的减少，阿里云建立了一体自动化的产品开发安全的生命周期，对数据安全要求渗透到产品开发的每个环节。在产品的开发过程中，每位设计师必须持有通过安全认证的考核证书才能上岗编码，将阿里云的技术和安全风险降到了最低。

阿里云的安全性能不仅来自自身通过自动化的设计、监控、运维的能力，还通过大数据自动分析风险系值，完备各项风险预估，保持阿里云平台的安全在一定范围之内。除此之外，阿里云还通过自己建设的社会化的漏洞平台举报和漏洞受理平台对外部的安全信息进行收集整理，通过对收集来的信息进行自动化、智能化的处理，将风险降为最低，帮助用户防患于未然。

阿里云安全团队为了检测和升级阿里云的安全系统，邀请了全球多位顶尖安全专家对阿里云系统进行攻击对抗实验，通过实验获取数据进行分析和技术升级，为未来产品技术漏洞的修复、系统功能的改进等打下了坚实的基础。

三、阿里云的数据隐私保护原则

作为专门分析大数据的平台，阿里云接触的是各个行业的大数据，这就涉及隐私问题。阿里云负责人表示，从阿里云成立的第一天起，就把用户的数据隐私和安全性能放在第一位，这是企业的信念，也是客户信赖的基础。

2015 年 7 月，阿里云发布了《数据保护倡议书》，郑重承诺绝不触犯用户的隐私，并保护用户的数据安全。作为国内甚至世界相关领域的安全标杆，阿里云肩负着保护用户数据安全的重任，它谨记用户数据安全隐私的承诺，让用户安心。

该协议重新定义了行业的标准，对用户所关心的数据安全问题作出明确表态，并在业内形成了良好的规范，为推动数据安全发展作出了榜样。据悉,由于阿里云的率先倡导，用户数据隐私的保护已经被列入了行业规范。

2016 年，阿里云因其先进的技术和高标准的要求，通过了中央网信办安全审查，还通过了公安部的云等级四级测评。

正是阿里云对用户数据隐私保护的原则，让各大企业都放心地和它合作。要知道，在互联网时代，大数据是企业的命脉，丢了大数据，就有可能导致企业倒闭。尤其是像珠宝零售商这样的企业，大数据是门店的宝贵财富。只有大数据隐私有保障，才能让他们放心地把大数据分析工作交给对方。而这份安心，阿里云做到了。

准确定义新零售的客户体验

目前，在新零售模式下，各大品牌零售行业都在尝试运用数据对客户进行消费画像，从而制定出精准营销，以及增加客户在社交媒体上的互动，这些都预示着新零售时代的到来。

但想要对客户进行精准的画像，以准确定义客户体验，谈何容易。虽然电商的飞速发展已经使消费者接受并形成了购物习惯，但很多体验性的零售经验依然无法从电商处获得，所以仍有部分客户以线下购买为主。这也导致企业无法精准画像。

到底怎样做，才能准确地定义新零售的客户体验呢？

一、新零售下重新定义客户体验

想要准确定义新零售下的客户体验，就需要首先重新定义客户体验。

传统零售在电商平台的作用下受到了巨大的冲击，而即将到来的新零售时代又在蓄势待发地改变着传统的电商，面对飞速发展的时代，零售业的品牌和企业家们又将何去何从呢？

是选择线上的技术流来获得客流？还是选择线下的高体验来坐等顾客上门？这是零售业普遍要面对的问题。

事实上，已经有答案。纵观时代的发展，我们不难看出，电商界的大佬们已经为我们指明了方向。根据天猫、京东商城越来越多的线下布局，我们可以分析得出，未来的零售行业将会朝着线下线上相融合的方向发展。

线上线下相融合，并不是企业的主观决定，而是消费者们的心声，企业只是根据客户们的需求来做出决定。因为随着消费者购物需求的提高，除了电商的便捷性，消费者也开始注重起消费体验来。

无论是消费者，还是企业，都对线上线下的全线打通抱有很大的热情，这样就促进了新零售的产生和发展。

当然，想要给客户进行精准营销，只是有客户体验是远远不够的，还需要知道，在新零售模式下，客户最期待的是什么。

二、新零售下客户期待的是什么

为了弄清楚消费者究竟更期待怎样的模式，有人做了一次调查报告，然后经过大数据分析，消费者们最期待的新零售模式具备以下两大特点：

1. 全渠道购物

这次报告主要以消费类电子产品为例，报告显示，大约有93%的消费者会先在线上研究，然后再去实体店体验，并最终确定是否购买。这也从侧面说明，在新零售时代，消费者理想的购物方式应该是线下和线上共同结合的，即线下的体验结合线上的价格。报告显示，凡是研究过线上价格的消费者，再去实体店进行体验时，成交率能达到80%以上。

很显然，消费者对与线上和线下结合的全渠道购物，有非常大的期待。

2. 场景触发式购物

在互联网购物和移动支付刚开始兴起的时候，我们经常听到关于消费者随时随地购物的畅想。

据报告显示，消费者最期待的理想购物方式是"即买即得"，即付款之后立刻拥有的模式。而要做到"即买即得"，单单靠线上是做不到的。那么为了满足人们的"即买即得"梦，我们是不是可以跳出既定思维，采取线上付款、线下提货的办法呢？

答案在被调查者的口中当然是可以的，并且此举还受到消费者的期待。同时，在面对消费者在生活中产生许多的念头，我们是否能够方便和自然的把各种生活场景"触发"为"零售场景"，成为新零售时代下的新机会。

面对势不可挡的新零售的浪潮，不管是线上的电商还是线下的实体，都无法将自己置身事外，而解决的方法之一是打造全渠道，另外就是以客户体验为中心，探索出最佳的体验之道。

杨陵江叫板传统渠道，新零售引领行业改革

有了平台的大数据分析，从而知道了客户的需求和期待，那么企业只需要针对客户需求进行商业模式创新调整，就能收到事半功倍的效果。

经过一段时间的发展，通过创新商业模式完成转型之路的企业有很多。其中，壹玖壹玖酒类平台科技股份有限公司（简称"1919"）的转型时间短，且很成功，因此值得大家参考一下。

壹玖壹玖酒类平台科技股份有限公司的创始人杨陵江，只用了很短的时间，就把公司做成酒类中最大的电商平台。很多人都好奇，他的契机在哪里？他的诀窍又在哪里？仔细观察公司的转型之路后，发现有两个诀窍。

一、从需求侧入手

"从需求侧入手就是要深刻了解消费者的需求变化，而营销创新无疑是消费者需求的快速突破点之一。市场上虽然有许多家烟酒专卖店，但酒的品种和质量难以得到保障，消费者并未通过这些专卖店得到好的产品和服务。"这是杨陵江在接受记者采访时的表达，也对"1919"平台的转型契机做了说明。

"我们明确扁平渠道，确立产品价格优势，采用现金采购的方式，避开了不合理费用的收取。"杨陵江在公司成立初期如实说到。

早在 2006 年，投资百万元的"1919"连锁店就取得了营业额 300 万元的好业绩，除了杨陵江的筹谋得当，这还要归功于其敢于突破传统，结合自身的创新模式。

通过线下和线上，双管齐下，融合各自优点，专注于解决供应链问题，使得消费者无须经过过多环节，直接面对厂商和供应商即可得到消费的产品。

而"1919"连锁店面也将"门店租金＋仓储成本＋物流成本＋人力成本"的传统零售结构转化为"门店租金＋人力成本"的结构，这样等同于改变了传统零售店的线下这一单一途径，变成了线下加线上的双重途径，获取客流方式更多，业绩蒸蒸日上。

而对于传统零售实体店的单纯的卖商品转变成"卖服务"，从各方面升级客户的消费体验。介于种种改变，"1919"连锁店分别在 2015 年、2016 年获得了天猫"双十一"的销售冠军，线上的蓬勃之势并没有阻碍线下进步的脚步。

截至目前，"1919"连锁店在全国范围内的门店已经达到了 1000 余家，是当之无愧的酒业龙头企业。

二、坚持零售原则

"我们坚持按照零售的原则去卖酒。什么叫'零售原则'？我们给消费者提供真正有价值的体系，我们更注重的是我们商品的保真，价格便宜，品类丰富，还有良好的服务体验，这是我们所坚持的价值。"杨陵江说道。

据了解，"1919"连锁店内的酒种达到了上千种，既有颇具历史的黄酒，也有品种繁多的进口洋酒，价格也从 50 元到数万元不等。价格多样，品种丰富，基本囊括了市场上用酒的所有场景。

杨陵江说："线上最终的输赢取决于'最后半公里'的物流效率和成本。只有尊重社会化分工的模式才是最有效率的。""1919"的优势就在于"最后半公里"。根据资料显示，"1919"的电话订购订单达到了总订单的 60% 以上，网络销售占到总订单的 10% 以上，实体销售为总订单的30%。

除了担负消费体验和售卖酒品的功能以外，实体店还为"1919"的物流体系做出了巨大贡献，即对网络和电话订购的订单进行及时配送，形成了自己的物流价值体系。

"1919"不管是从产品自身的品质、品种上，还是售后服务、客户体验上，都做到了想客户之所想，又有大胆的创新能力，在竞争激烈的零售行业终于开启了自己的篇章。

Chapter 4

紧跟高层步伐，从电子商务走向新零售

在前面，我们从概念、原则和场景，对新零售时代的起步和发展进行了分析。但光有这些是不够的，我们还需要国家的相关政策，只有紧跟高层的步伐，企业才能步调正确地从电子商务走向新零售时代。

国务院的任务：定调实体转型

在新零售盛行之前，所有人看到的市场景象是这样的：由于电商的冲击，传统的零售实体店变得萎靡不振，加上房租的不断上涨而雪上加霜。而一直迅猛发展的电商，也因为发展到了瓶颈期，又面对着体验不佳的问题放缓了市场的速度。

一、一份《意见》，三条信息

眼看零售行业陷入僵局，政府出手了。2016 年 11 月，国务院发布了《国务院办公厅关于推动实体零售创新转型的意见》（以下简称《意见》），其中就对新零售做出了相关的政策推动，并对新零售做了相关的描述。

该《意见》明确提出，实体零售想要成功创新转型必须经过的 9 项任务，任务分别从三个方面发起，即创新发展方式、商业结构调整、跨界融合的促进，对零售转型做了基础定调。

解读这份《意见》后，业内专业人士徐先生提到了三条信息：

第一，强调模式应受市场的主导，倡导符合市场规律的新技术和新模式的大量发展，政府将会予以政策和环境上的支持。

第二，强调了分化特征，避免"一刀切"的局面发生。

第三，理性看待互联网，互联网的兴衰表现符合市场规律。

二、政府的鼓励

《意见》中明确指出，政府鼓励线上线下的企业结合自身的优势通过交叉持股、战略合作和并购重组等多种市场方式，融合成新型的市场主体。

1. 资源整合

线上线下的融合发展，可以充分对市场上的资源进行有效整合，这样不仅能够提高实体零售的运转效率，还给企业带来无限的发展生机。

实体零售链条上的新型技术和模式完全可以与业内巨头获得合作，进行"1+1 大于 2"的效果重组，不断推动着业内的发展。

具体到实际环节中，新零售其实就是"网商＋实体商铺＋现代物流"

结合在一起的新的商业模式，它通过线上引流、线下体验和物流送达完成等，结合各自的优势，从而创造出新的商业模式。

2. 打通零售环节

面对这样的商业模式，阿里巴巴进行了切实的调整，即入股苏宁云商、云泰百货，发展菜鸟物流，战略入股三江购物，发展现代物流代配送系统，可谓是在每个环节都做足了功课。

以线上线下和物流组成的新零售体系建立后，就实现了线上线下的打通零售，既解决了线上购买没有体验的尴尬困境，又解决了线下没有流量的长期困扰，用户可以对心仪的商品线下体验后线上下单，再通过物流送达。

新零售的基础：移动互联网时代的海量精准数据

　　近些年来，随着互联网的飞速发展，以移动互联网为基础的智能化、全球化趋势在慢慢地渗透着人们生活的点点滴滴，小到人们的生活方式，大到整个商业的总体模式，无一不在发生着变化。

　　互联网的发展也带来了大数据概念，大数据的到来使得商业竞争进入了新时代。在时代飞速发展的大环境下，商业对于精准营销的要求也越来越高。

　　在现阶段，电商平台的"直通车"、专展等营销工具的出现，迎合了人们需要大数据营销的需求，也给行业创造了技术革新的需要，而人工智能的出现为突破这种困局带来了生机。

　　如何利用AI（人工智能）技术来更好地进行大数据营销，成为了电子商务发展的当务之急。

一、大数据带来的生机

大数据可以通过客户的收入、学历、消费习惯、爱好、出入场所来进行客户画像，为客户设定标签，然后根据标签来圈定目标客户进行精准营销，这种精准营销可以锁定区域、目标客户，甚至可以持续营销，根据门店接待量，决定广告投放量，从而实现商家的精准营销战略。

1. 人工智能第一平台

2018 年 5 月 30 日，阿里巴巴集团和浙江日报报业集团联合创立的"金麦奖"在广州举行，此次论坛邀请了阿里平台的负责人、著名网商CEO、知名服务商嘉宾和政府部门的代表参加，就"新零售""大数据""内容营销"和"品质升级"四个话题展开了讨论，并对电商未来的发展方向和趋势进行了详细的分析。

本次论坛还就新零售时代的大数据问题，特意邀请有着"人工智能第一平台"之称的天壤智能。天壤智能的负责人作了关于大数据营销结合和人工智能后的变革与突破的演讲，并且和各大电商负责人进行直接的会话。

天壤智能作为国内通用人工智能第一平台，一直致力于人工智能的商业普及化，希望人工智能可以让每个企业都拥有自己的 AI 大脑。而天壤智能 COO 韩定一是原来的阿里巴巴数据管理平台技术的负责人，也是国内 AI 营销领域的领跑者，他一直致力于研究营销时代中的弊端，以及对营销实行人工智能化发展的必要性和必然性。

它的人工智能化的营销理念，充分地体现在其研究的"天钻电商"上，这是我国首款可以提升电商营销投放成效的 AI 营销软件。

2. 并不高效的大数据营销

韩定一认为，大数据时代下的时局支持着我们更准确地获取用户的需求，能够让我们更迅速地获得精准客户。大数据带给我们的，通俗点儿讲，就像是一家企业获得了 10000 张客户名片。

大数据中"线下用户数据 +DMP 拓展"的运用，可以以这 10000 张名片为基础，充分分析 10000 张名片的共性，从而在数据库中找到与这 10000 张名片相匹配的更多的精准客户。这就是大数据的优势，即海量的数据，精准的捕捉。

如此高效的大数据营销按照事物的发展规律来说，必然伴随着巨大的付出。大数据的产生，其处于复杂的动态环境之中，大量的人力数据分析能力、高昂的测试成本代价等，都是大数据产生的根本。

所以，大数据虽然满足了精准营销的需求，却还是不高效。人工智能的出现正好弥补了大数据技术的短板。

3. 弥补短板的人工智能

马云曾经形容人和人工智能，就像是人和汽车比速度，这是没有任何意义的，也是注定有很大悬殊的，人只有利用好汽车才能够加速自身的发展，才能有利于社会的进步。人工智能的特点就是远远超过个人的，呈现规模化的计算能力和全天无休的稳定运行的能力。

大数据营销在带给人们方便的同时，自身也有三大痛点：动态及复杂的大环境、高昂的测试成本和大量的人力数据分析。而人工智能的出现恰恰弥补了这些短板和不足。

人工智能具有快速计算的强大能力，能适应任何环境的动态和复杂；

分析过程的标准化和高速化可以解决大数据对人力的需求问题；而全天无休的工作强度使得人工智能节省了测试的高昂成本。

其旨在帮助电商卖家在大数据时代完成更高效的营销操作，提升营销效率和结果。在 2017 年"双十一"期间，"天钻电商"更是实现了 ROI（投入产出比）78% 的提升。

在新零售时代，其实也是处在人工智能和大数据相交节点的时代，利用人工智能来提高零售商业的效率，是目前广大商家共同面对的"竞争制高点"。

4. 即将爆发的小程序

腾讯的微信小程序目前注册用户已超 6000 万，正在深入各个生活场景、生活服务领域、政务民生领域及游戏品类等，正在全面渗透。预计到 2019 年注册用户超 1.5 亿，在线使用超 3 亿。这一"名称 + 内容"正在发挥超乎想象的作用。张小龙的即点即用，用完即走，形成一个巨大流量口。这一切尽管是张小龙否认的。

二、大数据下，中小企业的机遇

各大商业巨头在这个转型的风口上，都已经开始往前赶路。那么，中小企业呢？它们要怎样利用大数据呢？

在这个千变万化的时代，大数据的诞生是时代和人类共同作用的结果，这样的时代提醒着无数的中小型企业，如果想长远发展就要抓住机遇，勇往直前，如果固守己见，故步自封，最终将被时代所抛弃。在时代的风口浪尖上，"转型"是所有中小企业发展的必然选择。

其实，中小企业在以往的发展中也存在许多的问题，比如营销方式的单一、成本的高昂输出换来较低的商业回报、市场和客户的黏性不足，等等。而如今，时代赋予了我们更多的机遇改变这些现状，所以中小企业必须牢牢地抓住这次转型的机遇，这也是它们能否转型成功的关键。

在资源匹配上，中小企业无法与商业巨头相提并论，想要成功，就必须看清形势，抓住三个机遇。

1. 中小型企业想要成功的三个机遇

（1）精细化管理运营

"大数据＋互联网"模式，不但能够帮助企业及时掌握产品的状况，了解市场动向，分析消费者的消费行为和消费倾向，而且能根据消费者的消费习惯和消费行为给消费者画像，提前计划针对消费者的精准营销，提高企业的竞争力。

（2）增强企业和客户需求的对等性，提升用户体验

每一个企业都有自己的数据统计库，智能化的大数据可以帮助企业挖掘客户，突出客户需求引导产品价值，提升客户体验和满意度，增加客户和市场的黏性。

（3）提升效率、缩减成本

大数据可以帮助企业提升效率，避免运营过程中的重复投资，找出资源浪费点，从而降低运营成本。

总之，大数据和互联网的结合，对于中小企业增强企业竞争力，拓展

市场，提升品牌价值和转化率有着不可替代的作用。尤其对于零售的实体业，比如批发零售等，如果能够很好地运用互联网和大数据，对企业自身进行优化升级，就很有可能会获得企业的转型成功。

而互联网和大数据的结合，还可以将渠道分销业务互联网化、移动化和电商化，这对企业的发展和转型是至关重要的，把握得当甚至可以改变企业的命运。

2. 利用好云订货平台

当中小企业不能像国美那样打造自己的生态数据圈时，就要学会借力打力，与专门的平台合作。比如云订货平台。

云订货平台是一个拥有先进技术的轻量型管理软件，它通过按需付费的方式，有效降低了中小型企业的资金压力，使得企业能够很好地控制运营成本，为中小型企业的选择多了一份灵活性，受到了企业的争相追捧。

另外，一站式的分销订货模式也满足了中小型企业经营过程中各个角色的使用需求。例如，销售人员所面临的效率低下和价格竞争的问题，财务人员面对的对账混乱和汇款慢的问题，等等，在云订货平台上都能够得到"一站式"体现，大大提升了企业的效率问题。

最后，云订货平台营销推广方式的简单易用性和多样性，也是中小型企业选择的重要原因之一。智能化的平台提供了企业用户的精准分析，还针对目标用户设置推广促销活动，为提升企业的收益和转化率做了充分的准备。同时，精准的客户画像让企业可以提供有针对性的服务和活动，最大程度地提升了客户的体验好感度。

国美进军新零售的转型策略

面对新零售时代的到来，阿里巴巴、国美等行业巨头蓄势待发，由此产生的商业连锁反应是不可小觑的。在商界巨头们纷纷转型的趋势下，零售行业只能选择效仿，否则被时代抛弃的可能性非常大。

一、借助新零售的风口

说到被时代抛弃的痛，国美的体会应该是最深的。当初在互联网大浪潮到来时，国美电器没有抓住电商时机转型，深以为憾。如今面对新零售的风潮，国美电器迅速推出了"6+1"的新零售转型策略，希望能够借新零售的风口转型成功。

1. 重塑新零售渠道

和阿里巴巴不同的是，作为实体零售连锁店的商业大头，国美缺少的是线上渠道，为了搭上新零售的时代快车，国美电器不惜以9亿元买入了大股东黄光裕的电商App，这对踏足新零售是重要一步。

据国美电器半年报显示，国美在2017年上半年的电器销售额为380.73亿元人民币，同比增长了7.82%，其中母公司利润占比1.61%，大约有1.22亿元，远远超过了2017年上半年全国百家重点大型零售企业零售额累计同比增长数据3.1%。

国美一边在重塑新零售渠道，一边在加速去电器化模式，以此来谋求自身的发展转型。

2. 加速去电气化模式

据有关数据显示，国美2017年上半年销售收入同比上涨了7个百分点，即使这样，公司上半年依然亏损1.06个亿，亏损同比增加了近6000万元。值得关注的是，国美在财务报告中并没有提及亏损的具体原因。有分析认为，需求的下降、消费的放缓、租金的上涨、管理费用的上涨和其他原因，抵消了国美综合毛利率的贡献。

2017年8月31日，国美电器正式更名为国美零售，此次改名明确了国美的商业定位，确定了未来的发展方向，也对接下来的新零售之战做了充足的准备。

2017年上半年是整个零售行业的欢喜年。新零售概念迅速普及，各种形态的新零售实体店纷纷在各地大展拳脚,人们卫的认可造就了新零售即将呈现的爆发之势。

二、有迹可循的转型路

这时国美的"6+1"模式,即"用户为王、产品为王、平台为王、服务为王、分享为王、体验为王、线上线下融合"的社交商务生态圈,为发展转型奠定了基础。接下来,国美将从电器零售向为家庭整体提供电器解决方案的转型将有迹可循。

在国美 2017 年上半年度年报中,我们还可以发现,国美线上线下渠道的交易总额同比增长了 22.87%。

1. 坚守家电行业

其实早在新零售到来之前,国美便对门店的场景和商品的结构进行了改造和优化,这使得国美的毛利率达到了 17.8%。这一数据超过了同行近 3 个百分点,这说明了新升级改造的国美得到了消费者的认可,最终才得以实现交易额的增长。

该半年报显示,空调、影音和冰箱三大类是国美毛利较高的产品,即使如此,在大数据的驱动下,国美还是新增了很多以家居为核心的商品,比如进口炊具、智能门锁、电动工具、家居、智能卫浴等产品。

2.携手家装行业

国美一直在努力从家电加安装的零售服务商转变成"零售 + 娱乐 + 休闲"的体验式卖场。国美认为，这是可以使国美长远发展的。为此，在 2017 年 6 月，国美以 3.56 亿元入股了互联网家装公司"爱空间"。

而与国美达成合作后，2017 年 8 月，首家"爱空间"的家装样板在北京国美马甸鹏润店正式开业了。除此之外，国美还和泥巴公社、觅糖装饰等多家家装公司达成合作，这样的跨行合作将给国美带来很高的业值。

3.进军汽车产业链

除了合作家装业务以外，国美还在汽车产业链上获得了新突破。

国美打造的汽车整车销售环节，囊括了汽车整车的产业结构，包括了整车销售、汽车金融、二手车、汽车保险、出行服务、汽车用品及维修保养等，而汽车整车销售 2018 年 5 月已在国美正式上线。

4.物流和售后

除此之外，国美的物流也日益发展壮大。到目前为止，国美的物流网络已经覆盖了全国 95.5% 的地级市、91% 的县区级和 71% 的乡镇级，而国美并不满足于现状，接下来，国美还将在物流方面深度发展，计划新增物流仓库面积 196 万平方米，并在物流的配送时效，效率的提升方面做深度的钻研。

为了打造家电服务的竞争门槛，国美在售后服务方面也做了升级，并在全面推广"送装一体化"的服务体系，力求给客户打造出全新的购物体验。

5. 国美管家

国美还推出了连接线上线下的管家平台——国美管家。消费者可通过这一平台查询家电说明、保修卡、电子发票及安装送货等信息，实现与供应商一个平台解决多种需求的愿景。

另外，国美还作出了围绕"家"展开的关联功能，例如手机充值、家政保洁等服务。国美表示在未来还会推出水电费缴费、火车票订购等便民服务。报告称，目前国美管家的服务网络已经覆盖了全国95%以上的一、二线城市，而平台用户的数量已经超过500万。

6. 国美 PLUS 应用程式

除此之外，为了更好地对线下线上进行融合，国美2018年还推出了一款叫作国美PLUS的应用程式App，这款App以边玩边赚的形式，整合了美信、国美在线、国美海外购、国美管家等线上应用系统；线下链则布局了全国所有门店。

这款App以安全性能足够强大的云计算作为后台技术的保障，为用户提供了线下体验、线上下单的优质体验，并以"社交＋商务＋利益分享"的创新商业模式，打造新型的互联网社交电商平台。

未来，国美将在现有战略的基础上，加入"新市场、新业务、新技术"，使得用户获得更好的体验，同时也在致力培养自身的核心竞争力，争取在这场零售革命中获得转型的成功，获得人们的认可和肯定，以优异的业绩来回报股东和社会。

三、国美互联网强势崛起

我们知道，在事物的发展呈现螺旋上升之时，渠道的边界影响力会变得越来越不重要。在任何可以接触消费者的地方都可能产生消费行为，这是时代所趋，也是大势所趋。

国美作为零售界的大佬，可以屹立 30 年不倒，还能在这 30 年中一边应对着外界的变化和来自竞争对手的压力，还能够保持高速的发展，即便在京东、淘宝这样的电商大户面前也能够结合自身优势将线下线上进行融合和发展，这是可喜的。从上文的布局，我们也能看出来，新零售时代的国美互联网正在强势崛起。

国美实现真正的线下体验、线上买单，提升客户购物体验

1. 打造生态数据平台应对四强争霸

在马云提出"新零售"的概念后一直在筹谋着新零售的进展。但是目前来看，阿里巴巴在新零售上并没有取得规模化的进展。而京东在面对新零售时代时，也积极推出了"京东之家"线下体验店，而且将支付方式升级为刷脸支付。

在这场商业变革中，线上线下的融合已经成为了大势所趋，而在这场变革的浪潮中，国内的零售巨头们站在了同一起跑线，纷纷为这场零售业的革命摩拳擦掌。

作为零售业的巨头，国美当然也不能置身事外，因为其30年的零售经验，丰富的线下体系和自身强大的实力，在这场你追我赶的变革中迅速找到了自己的步伐，转型之快，步调之稳，已然为四强争霸的战争做好了准备。

国美最大的决心在于自身组织构架的升级。2017年8月31日，国美电器正式更名为国美零售，并对自己的多个线上渠道进行了整合，成立了国美互联网。

据消息称，就在近日，国美在线又与国美PLUS完成了统一，对外统称为国美App。同时，国美还将全心打造以"社交、商务、利益分享"为共同点的生态数据平台，让消费者获得更好的消费体验。

2. 新零售时代的短板变优势

在向新零售迈进的过程中，国美拥有着对手无法企及的优势。国美在全国有16家实体店，这在电商横行的时候是不被看好的短板，但是随着新零售时代的到来，这一短板迅速成了国美的优势所在。

国美能够在互联网平台的作用下实现线上线下的互通，并在大数据、云计算和智能引擎的推动下，实现真正的线下体验、线上买单，为客户体验进行再升级。

国美在这 30 年中的努力是有目共睹的，在经历了电商的疯狂和实体的衰败之后，国美已然能够凭借自身强大的实力、前瞻的管理理念成为一家真正的时代企业。这次新零售时代的到来，国美顺势而起，借着新零售的风口实现了华丽转型，而国美的强势崛起也见证了时代的发展。

3. 企业文化助力登顶

"8 年前，黄光裕登上人生巅峰，并拥有中国最大的家电连锁帝国，而那时候的阿里和京东还没成气候。在当时，黄光裕甚至还压根不知道马云、刘强东是谁。"这是在媒体的公开报道中的一句话，耐人寻味。

这一段话说明了当年国美的空前盛况，其当时在零售业的领导地位是毋庸置疑的。

但是，一个坚固而伟大的企业的诞生必定不是一帆风顺的，国美在 30 年的发展历程中，经历了市场的千变万化和无限考验，一路走来虽然艰难但还是坚持了下来。成为行业巨头的国美不仅仅有优秀的商业理念，还有其深厚的企业文化。

国美的企业文化"被信任是一种快乐"，即使放在现在也是具有深意，且容易被客户接受的。一个好的企业并不是单纯依靠产品来吸引消费者，在产品品质优秀的基础上，国美更愿意把自己定位成消费者的朋友，用心去服务顾客，希望不管是产品还是服务都能得到顾客的信任，并以此作为努力的标准，构建出独特的国美生态体系。

新零售时代的零售模式，对于零售业的商业巨人们都是一次挑战，也是一次获得空前业绩的机会，国美抓住了市场的良机，对自己的整体进行了升华，而这种升华将助力国美回到巅峰状态。

新零售时代的旅游消费特征以及景区营销策略

之前，我们一直在说企业要紧跟高层步伐，从电子商务走向新零售，其中讲到了一系列的营销策略。事实上，无论哪一个时代的零售，都离不开营销。

营销在我们的生活中无处不在，去卖场，看到营销；去旅游，也看到营销。那么，旅游业能不能像卖场的商品那样，利用新零售来给自己打造新的商机呢？

答案是肯定的。因为旅游业，其实也是卖场，只不过它推销的是景点，是当地的人文自然景观罢了。

那么，在新零售时代，景区又该怎样利用大数据让自己活得成功呢？

移动互联网时代给人们带来很多了解信息的渠道，而多样化的信息来源渠道也让传统的景区营销方式不再受人们喜爱，那么如何把握互联网的优势，利用大数据了解旅游群体的心理特质，将是景区营销中至关重要的。

一、新零售时代的旅游消费特征

旅游作为人们生活中经常碰到的，在商业理念里其实也是一种商品行为。只不过不同于一般的商品，旅游具有无形服务、异地消费、不可移动、生产和消费等特殊属性，这样的产品结构无形中也给景区的旅游营销造成了更高要求的标准。

在新零售时代，景区营销也必须顺势而为才能不被时代抛弃。而在这个快速发展的时代，旅游消费者的行为也出现了和以前不尽相同的特征。

在传统的景区营销中，人们在获得景区的信息时会出现信息不对称的现象。而互联网的出现几乎彻底解决了这个问题，人们可以根据互联网的信息对景区进行判断，大大降低了消费者的选择成本和消费者的经济、时间成本。在新零售时代，面对庞大的旅游群体，携程、淘宝网等瞄准了市场，为旅游消费者提供了线上线下结合的多样化的旅游产品，使消费者充分享受到了旅游的便捷性。

在传统的景区营销中，旅游产品多提供给旅游中间商，比如旅行社等。这些产品大同小异，所以很难满足各层次游客的需求。在互联网时代，自驾游、穷游族的兴起，催生出个性旅游这个大市场。针对这一发展趋势，景区营销也增加了个性旅游消费的互联网平台，比如定制机票、驴友网等。而到了新零售时代，景区认识到旅游只是零售，于是开发旅游衍生品。经过调研分析制作，然后开始线上宣传、线下销售，使景区的价值成倍上升。而游客也通过购买旅游衍生品的方式更加亲近景区。

二、新零售时代的景区营销策略

新零售时代的互联网，为旅游消费者搭建了一个消除信息差的平台，使得消费者不再只是被动地接受来自景区的营销，针对于此，景区也要充分地改变原来的营销方式，将重心放在景区本身会得到消费者更多的认可，这样才有利于景区品牌的传播。

在新零售时代，除了对消费者有着强大的便捷性能，还给景区营销提供了一条低成本、高回报的营销道路。即利用互联网进行营销，其成本更低廉、覆盖面更广、信息保存更长久等等，成为了时代营销的新方式。通过对旅游信息的整理和分类整合，其市场会在"关注—体验—共享—更多关注"的传播循环中实现信息的传递和品牌的增值。

传统的旅游方式一般是通过旅行社等中介的方式抱团旅游，这样的方式单一，难以满足不同游客的多样化需求。而近些年随着自驾游和网络的兴起，旅游市场又迎来了可以开拓的"蓝海"市场。

在旅游中，从机票的预订到酒店住宿，再到结识共同爱好的旅游朋友或者通过喜爱摄影的朋友，互联网为旅游市场提供了更大的消费平台，这样满足不同需求的旅游爱好者的同时，也为旅游业提供了个性化的、可发展的旅游方向。

随着互联网的越发强大，人们获取信息不再限于搜索引擎这一种方式，微博、微信等新社交媒体软件的诞生，使人们获得信息的途径增加了很多，而旅游者通过微博、微信等平台分享旅游体验已经成为了一种新的消费文化，它也在不断地刷新着我们的生活方式。这样的分享方式也催生了网络人际传播的渠道，由不同人群的分享体验汇聚而来的网络口碑，成为了新的影响旅游消费的重要方式。

Chapter 5

站在新零售的门口，吹响创意的号角

在互联网时代，消费者的习惯开始渐渐改变，消费的需求和体验也在不断升级。消费者需求的改变也逐步影响着线下零售业的模式和内容，其发展趋势也会不断向着重创新、重体验、重场景发展，形成了多元融合的格局。

多重模式下的便利店，新零售要面对的两个问题

各行各业经历了互联网时代的发展不断发生变革，随着新兴消费群体的不断崛起，消费早已不仅仅是满足购买需要，它已经开始成为一种自我的个性表达与生活态度。接下来我们说一说新零售业态下的商业中心和便利店。

一、新零售业态下的商业中心：打造匠人社区

作为商业体系中占绝大部分的地产行业，其发展也开始受到了新零售思维的影响，不断进行自我变革。目前，城市商业地产项目已趋向饱和，

由于建造形式和模式相对单一，业态重复率较高，容易使消费者产生消费疲劳。故而，对诸如房地产这一类实体行业的消费升级与创新，打造新型的业态就显得尤为重要。

在众多实体商业借力新零售开始转型的实例中，中南商业在江苏南通打造的"造物天地"具有较好的示范意义。南通市近年来的城市建设非常迅速，商业地产呈现高增长趋势。在激烈竞争的背景下，在新零售业态下的商业地产中心吸引了众多投资者的目光，成为未来的着力投资方向。而中南商业此次在南通建造的"造物天地"，也成为我国首个以商业地产结合非遗传承的体验式地产项目，开创了业界先河。

"造物天地"位于南通市中南中央商务区，其经营面积达到 3800 平方米，整体建设非常具有后工业风情，目前已有 20 多家本地的非遗项目和工坊入驻，包括皮具、绘画、木艺等，而突显南通文化底蕴的非遗项目，诸如蓝印花布、沈绣、风筝等也能见到身影。

商务区中的多元化商业街包含了运动休闲、餐饮、酒吧等，地下走廊以及能够吸引年轻人目光的街头涂鸦、3D 立体画等，还有充满了独特情怀的实景手作。此外，商务区还融合了全国首个儿童交通安全实景教育及团体，将公益教育与商业结合，在吸引了众多流量的同时也承担起了企业的社会责任。

"造物天地"的客户群体定位精准，主要指向 22 ～ 45 岁的白领阶层，这类消费者追求精神消费与文化消费，对消费的体验要求较高；热衷于参加亲子活动的"80 后"家长，由于较为开放的教育理念，所以会更加热衷于参与家庭休闲和娱乐；此外，还有 12 ～ 22 岁的学生阶层，也是消费的主力军。

在以"非遗"和手作项目为主题的基础上，为了丰富商业业态和形式，"造物天地"还在其中心地带引进了一个落地广播电台 FM91.8，用于随时与消费者进行体验并播放最新的商业零售实时动态。这种新颖的互动形式吸引着众多追求潮流与新体验的年轻人。

除此之外，"造物天地"还经常举办展览与演出等充满文艺气息的文化活动，为了更好地深化文化艺术内涵，"造物天地"还与南通市的博物苑进行了合作，在其商业区打造了一个专业级的民间博物馆，意图通过别样方式与组合展示南通乃至长三角地区非文物类的民俗文化和非遗项目。例如，像"蓝印花布""板鹞风筝"等南通非遗项目得以焕发新的生命力，还计划将真实的良田农舍搬到商业综合体，通过直观的方式让消费者和观众体验到农耕、婚庆、节庆等南通本地民俗，并利用融合多媒体技术，邀请本地工艺美术大师、非遗传承人用"沉浸式"的方式来创新文化消费新体验，并销售相关的文创与周边作品。

与此同时，中南商业还在"造物天地"中打造"沉浸式"剧场——"进"剧场等，多种形式的购物体验让消费者在购物的同时也体验到了场景与创新，这也是企业践行文化自信的新颖形式。

整体而言，"造物天地"的打造定位和主题，甚至包括业态与形式都是非常具有创新性的，可以说为南通市乃至全国的手作和艺术体验空间的创建树立了范本与标杆。"造物天地"力图打造为一个融合了艺术欣赏、文化传承和购物体验等多功能为一体的商业综合体。"造物天地"里的众多商铺给人的感觉不仅仅只是一个店面，消费者可以通过它欣赏大师艺术作品，或者自己制作一件独特的非遗商品，或者与朋友一起欣赏不定期的话剧等，突破了单纯的购物体验，"造物天地"让购物变得更加具有情怀。

这种内容丰富的新零售商业模式，不仅可以保护南通的手作人文，给予这些文化艺术新的创新活力，也让商业地产变得更加多元化。

二、新零售业态下的便利店：打造社区消费升级

在新零售迅速发展的大潮下，便利店和小区也在逐步引入新零售理念打造社区的消费升级。

近年来，就有多家以新零售为主要模式的初创公司获得了巨额投资。例如，打造"办公室无人货架"和"智能值守"的"猩便利"，就在短短数月之间获得超过一亿元的投资。以智能便利店为主要商业模式的"小麦铺"也在短时间内成功完成了新一轮融资。

业内人士纷纷表示，便利店和新零售已成为资本关注的新热点！

以新零售为主要概念的"无人便利"在 2017 年前三个季度中的融资业绩，也在侧面反映了新零售在社区升级中的重要影响。从业者期望通过新零售商业模式，能够进行各路资源的整合，从而对传统便利店进行升级打造。如果类似于便利店这种线下服务能力较强的资产通过新零售，被赋予线上能力以及互联网思维，将会释放出不可估量的价值。

为何新零售能与社区消费产生联系呢？

众多投资机构和企业认为，由于社区消费具有较强的刚需、较高的消费频次以及社区高黏度性等特点，社区的消费场景主要都是在以社区便利店为平台的基础之上。因此，若能够将具有高消费黏性的线下场景通过新零售连接到线上，必然会成为一个重要并且巨大的用户流量入口。

由于一般消费者的日常消费场景最近的就是小区中或附近的便利店，消费习惯都比较稳定。并且社区的入口也可以综合很多的线上线下资源，从而方便企业整合各类服务平台。

例如，初创企业的跨境电商平台——"鲜生活"，就抢夺新零售的市场先机，率先一步进行了线上线下的零售业整合探索，并具体在市场中开始向便利店模式进行转型。目前，"鲜生活"已经在北京成立了 20 多家社区便利店，并通过合作等方式在超过 50 个网点中为用户提供服务，预计未来会在北京布局超过 80 个服务网点，并且实现更快的社区商品配送。

这种模式非常有效地引入了众多线上线下的流量，而当企业不再为引入流量进行巨额花费时，自然就能为消费者提供更多更优质的服务，也能让企业实现更好的产品优化与运营能力的提升。

将业务布局在三四线城市的"懒猫社长"也是新零售便利店的典型例子，凭借优势性的城市布局和新颖的零售模式，"懒猫社长"也较早地完成了融资。"懒猫社长"的商业模式主要为社区的购物和生活提供便捷的服务，通过对传统的社区便利店利用新零售模式与方法进行标准化改造，打造升级成一个 O2O 的新型社区便利店。

社区消费者只需通过手机下单，就能实现由"懒猫社长"的新零售的线下实时配送，提供了不少购物便捷服务。并且"懒猫社长"还与第三方供应商进行合作，为社区消费者提供更多的特色大商品和服务。

当然，利用新零售对传统便利店进行改造升级并非没有挑战，要让传统便利店顺利与互联网进行链接，在库存、运营流程、服务逻辑和模式上的改造升级都是需要经过较大的改变，才能实现传统便利店整体的转型。

一般而言，在新零售的模式下，新型社区便利店的典型服务模式主要为：利用 App 等线上服务运营商，通过线上运营、线上线下间的物流履约以及线下的门店业务运营这三个层面进行商品的销售与推广，实现商品零售的全渠道运营。

在这种模式下，新零售的便利店将会承载与提供更多与消费者生活场景息息相关的商品和服务，例如"最后一公里"等，这也让便利店的定义不仅仅是在门店销售这一层面，而将其零售范围与网络延伸拓展到了消费者家庭终端——手机设备。

这样，便利店的销售半径就可以随着移动设备端扩大到周边的 1～1.5 千米，从而扩大消费市场，满足更多消费者的商品和服务需求，实现企业更高的盈利。

目前，在中国市场中，便利店大多仍处在传统与初级发展阶段，其发展模式单一、供应链效率低，商品与服务无法满足年轻一代消费者的需求，这就存在一个巨大的市场空间，便利店通过新零售进行改造升级，打造一个更符合现今消费习惯的零售网络。

新零售对社区的最大影响就是重构社区服务，伴随着互联网和数字信息技术的发展，这种基于社区平台上的新零售服务越来越多，市场潜力也非常巨大。这种注重体验的便捷式零售方式，是基于社区的新零售垂直细分，也是未来社区零售业的发展方向与优势。

当然，不仅仅是零售企业，其他领域的企业，例如，需要进行商品展示和销售等业务的企业，也可以通过社区服务网点为切入口和平台，来增强商品和品牌的影响力，提升用户的黏度，进而创造更多营收。

在传统的互联网流量入口，BATJ 等科技巨头已经占据了绝大部分资源与主线，一些初创企业和小企业如果想通过互联网和移动互联网的方式获取用户，其成本会越来越高。因此，它们要打造自己的流量入口，实现更快更好的产品和服务推广落地。

在这个背景下，新零售带来的社区升级就成为一个非常好的引流工具。例如，在 2017 年 10 月，一家名为"安尔发"的新三板挂牌企业就是通过与社区进行合作的方式，打造了一个独具特色的依托邻里性质的服务平台。在这个平台上，"安尔发"还可以与第三方生活服务商达成战略合作。利用手机 App 的运营提供更加丰富的用户需求服务，从而达成第三方服务商的筛选和用户需求的精准匹配，将第三方生活服务商和社区居民的需求有机地结合了起来。在这个基础上，"安尔发"通过利用这种模式以及对用户的精准了解，自主研发了车闸、门锁、门禁等社区智能设备，成功地在全国范围内实现了拓展。

除此之外，"安尔发"不仅仅为社区消费者提供安全出行的便利性服务，还与第三方服务提供商合作，整合多类型服务品种，全方位为社区居民提供衣、食、住、行、用、养老、休闲等多个场景的生活贴心服务。

通过这些有温度的社区服务，公司可以培养社区消费者与用户的黏度和忠诚度，获得大量线下流量，在后期也可以导流到社区其他服务提供商，从这些服务商也可以获得服务费的分成。在这种模式下，商品零售就不是"安尔发"的唯一收入来源，它还可以通过多个渠道进行盈利创收。

随着"互联网 +"时代的到来，互联网的快速发展对传统行业商业模式也产生了颠覆式的影响。在社区场景下，利用新零售结合社区传统便利店，可以为社区消费社提供更加便捷的服务，不少企业纷纷尝试这一新路径。

例如，2017 年 10 月 26 日，绿城物业服务集团有限公司（"绿城服务" 2869.HK）就正式推出了其垂直一体化生鲜运营平台——上海易果电子商务有限公司。这个战略举措就是为了在未来能够新零售领域开展深度运营，建设以社区为平台的零售生态新模式。

对于想要进军社区新零售消费市场的企业来说，具备能够整合周边服务与居民日常服务的能力是非常重要的，而这与房地产开发商、小区物业之间的合作尤为重要。因此，在产品进入服务时代的大背景下，房地产开发商销售房产的策略也可以在新零售模式下获得启发，消费者对居住空间有了更高的要求，房地产如果能实施配套的服务升级就能获得先机。

穿越估价 2 亿的"购百特"，站在新零售的门口

在 2015 年 9 月，哈尔滨出现了一家与其他传统便利店不同的新型便利店——"购百特"，这是一家以"互联网＋"为创新模式的社区型便利店，可以实现社区消费者足不出户就能轻松购物的梦想。也许，对于传统的电子商务来说，足不出户轻松购物并不是一件很有创新意义的事情，但若针对传统的便利店行业来说，能够实现线上线下的时时流通，这就具有不一样的商业意义了。

一、线下便利店受到冲击

目前，即便是在电子商务进入千家万户的互联网购物时代，坐落在居民社区周围的传统便利店、摆放在货架上的即时性商品等，依然是线下消费者购物的主要场景。由于地缘优势，消费者可以随时自助地采购日常生活用品所需。

由于传统便利店能够满足社区居民的便利性和突发性购物需求，例如时间上的便利（每天 16 ～ 24 小时的营业时间），多层次服务的便利（便利店有存取款、复印、代冲胶卷），因而在零售业中依然具有不可替代的重要位置。

但是，互联网的购物方式仍具有传统便利店无可比拟的独特优势：消费者网上购物的步骤非常简单，只需在家里轻轻滑动手机屏幕或在电脑上点击鼠标，就能够让自己喜欢的物品送货到家。并且，网上导航品的价格低廉、物品丰富、更新迅速也是众多喜爱网上购物的消费者选择的原因。这些都是商品单一、更新迟缓的传统便利店无法超越的，这也必然导致了传统便利店的聚客能力下降。

因而，传统便利店受到互联网的冲击不小，线下的零售行业增速减缓，商店超市包括便利店都陷入凝滞境地。哪怕线下便利店运用各种促销策略，比如打折、赠品、满就送、会员积分、抽奖等，客流量都不可能回归到以前的水平了，聚客能力大大衰弱。

在这种情形下，就有企业试图把便利店与电商模式相结合，"购百特"就是其中的成功者。通过这种模式，"购百特"在短短一年时间里开了12家连锁直营店，公司的估值更是超过 2 亿元，迅速在线下销售行业走红。

二、"购百特"正确应用新零售模式

"购百特"的成功，就在于其创业团队能够抓住互联网时代并正确运用新零售思维与模式。

"购百特"的创始人王宸拥有 12 年的零售经验，3 年的实体零售与 9 年的电商零售让其具有独特的眼光与战略思考，随着电子商务的迅速发展与全民热潮，电子商务市场实质上已经处于饱和状态，大家纷纷为了争取更多流量而耗费大量成本。而王宸发现，在互联网和电子商务的冲击下，线下的实体零售纷纷倒闭与降低营业额，社区便利店却依然有不小的市场份额，社区的消费是一种社区刚需。

意识到这一点，王宸决定以传统的社区便利店为突破口，欲用互联网与新零售对其进行转型。

"购百特"便利店

综合以上种种考虑，王宸决定把实体销售与电商销售结合，打造一款新型的便利店。意图打造出一家有年轻时尚元素、迅速更迭的商品以及细致快捷服务的便利店，打破传统便利店的环境差、品牌老化等固有印象和缺点。

此外，"购百特"还搭建了自己独特的O2O（Online To Offline）平台，通过线上线下相结合的商务模式，运用独立的网上商城将互联网打造成线下交易的前台。与此同时，还将网上商城延伸到线下扩展出线下实体店。

由于整合了线上线下两条资源线，这种新型便利店有着广阔的市场，"购百特"也吸引了众多的投资。"购百特"不但融合了线上线下的销售模式，还整合了24小时自营供应链。通过这种商业模式，"购百特"能够将各种类型的供应商和服务商都纳入到这条供应链中，能够及时为社区居民和消费者提供24小时的销售配送服务。这与传统的零售模式和单纯电子商务模式比较而言，在时间、商品、服务和距离等方面都有大幅度提升。

在"购百特"自身的O2O平台中，消费者可以随时购买到各种各样的即时性商品，并且能快速取得商品与服务。尤其是鲜食和烘培这两类服务板块上，"购百特"的优势非常明显，极大地满足了消费者日常消费需要和突发性需求。"购百特"也正是利用了这种线上线下相结合的O2O平台模式，结合了新零售模式与思想，让传统便利店增加了大量的服务功能，成功地使大量客户回归线下。

新零售的大布局——阿里巴巴

"新零售"的概念自提出以来就受到多方关注与研讨，作为新零售界的代表人物与先行者，马云早在 2016 年 10 月就曾表示单纯的电子商务势必走向衰落，线上线下与现代物流整合的新零售将会成为主流。

就在新零售迅速成为热潮后，阿里巴巴就迅速开始落实新零售的业务布局。

一、阿里巴巴布局新零售

阿里巴巴在马云的指挥下，先收购了超市巨头三江购物，继而又将银泰商场纳入阿里巴巴版图，之后又战略合作第一大线下零售集团百联集团。

而就在前不久，阿里巴巴宣布收购联华超市 18% 的内资股股权，成为联华超市第二大股东，这也意味着阿里巴巴与线下零售覆盖全国 3600 多家门店的联华超市达成了战略合作。

接下来，阿里巴巴将会对联华超市的 3618 家门店进行新零售的业务布局和改造，运用强大的线上资源和能力，打造出一个"满足消费者全时段、全客群、多场景消费需求"的新型超市。这也无疑传递着零售业变革的信号，零售业的洗牌正在加速。

据统计，截至 2018 年 3 月，阿里巴巴在其线上的交易额突破了 3 万亿元。这一业绩超越了全球最大的零售平台沃尔玛。这也意味着阿里巴巴的规模与增长逼近成为全球最大的零售提供商。作为中国第一大网络购物平台，阿里巴巴意图通过对线下商超与零售资源的收购，在短期内占领线上线下的零售市场的梦想正在实现。

二、未来零售的发展大趋势

早年，电商冲击了实体店，而如今，新零售则可能会冲击纯电商。马云表示，将来十年纯电商的生存空间会越来越小，传统零售也会随着互联网和信息技术的发展而被推翻，未来十年有必要将线上与线下严密联系起来，一切的推广与商业最中心的都是围绕着顾客的需要，要更大程度地满足顾客需要。

在过去，互联网的蓬勃发展让电商走进了千家万户，然而单纯依靠产品差价的纯电商商业模式尽管能够带来更加优惠的产品，并且更加便利与快捷。但顾客在购物过程中的消费实在体验感却是其不可避免的缺点，电商在下单过程中有许多环节都是脱离的，不能最大程度地满足消费者的需求。

例如，消费者在超市、商场现场购物，能够获得现场消费与购物的愉悦感觉。如果能将这两种购物方式的优点结合，形成一种新的零售与购物，这种方式能够在满足线上需要的同时，也弥补线下实体购物的体验感与场景感，是未来零售的发展大趋势，新零售的时代已然到来！

新零售业态下的全球品牌——天猫6·18

随着社会经济的发展与进步，单纯的网上电子商务模式开始渐渐衰落，越来越多的电子商务企业开始转型与试水线下商铺的发展，力图使线上线下充分融合，积极拓展新零售业务。相信未来新零售还有更广阔的发展空间，实现零售业态的又一次巨大进步。

一、天猫的新零售一体化网络大联动

在天猫6·18购物节期间，就有接近500家以上的知名品牌报名参加天猫在上海首次举办的新零售公开课，意图推进与天猫合作的"新零售"，以此来驱动企业内部组织、外部竞争力的全面升级，获得线上线下更强有力的竞争力。

如今，天猫6·18购物节也成为了继"双十一"购物节之后的一个新零售一体化网络的大联动，其影响范围覆盖了全国超过70个新零售商圈、10万家线下智慧门店。开展新零售业务布局的企业在线下开疆拓土的同时，也要在线上配置相应的"软件"，来共同联动新零售的线上线下发展。

目前，很多线上较成规模的企业或者传统的线下企业与品牌在完成电商转型与市场开拓后，都预备在未来的3～5年时间把线上线下融合的新零售列为发展重点。而与新零售业务相关的人才（例如能够兼通线下门店管理也能熟练操作线上运营的人才）受到了各大公司的青睐，管理层岗位年薪均在百万元以上。

在2018年的天猫6·18购物节，一个创新性的举措让零售业焕发生机，线上线下同步、优惠打通。不仅仅是线上活动折扣优惠，众多的线下商店也同步开启6·18狂欢，这也意味着消费者在天猫上领取的购物津贴，在线下的活动商家处也能够使用，完全打通。

众所周知，商圈是每个城市的生活和购物中心区，大量的消费行为都在这个时间和空间范围内发生。据数据显示，2018年的天猫6·18购物节，全国范围内也有接近七十多个的城市中心商圈同步参与其活动，完成了线上线下的全部打通。这也让消费者与商家感受到了新零售市场所爆发的蓬勃生命力。其中，北京朝阳大悦城、杭州城西银泰、上海中山公园龙之梦、深圳coco park、重庆龙湖时代天街将成为天猫在全国最大的五个新零售商圈，可以看到天猫意图将零售业务延伸到线下的战略布局与规划。

二、线上线下的跨境购物体验

而除了城市的商业中心，全国连锁商超品牌大润发也加入了天猫6·18，同样享受天猫6·18购物节期间的各项线上优惠并领取天猫6·18购物节红包。而作为天猫自营的线下天猫智慧门店、70场品牌天猫快闪店也在各个城市开启天猫6·18购物节的新零售活动。在这个活动中，消费者在线上和线下都能领到购物津贴和优惠券。同时，消费者还能在线下体验到智能化的智能试装、智能查看穿搭等多种科技体验。

我们可以实实在在地感受与体验到，电商与新零售的发展让线上的网络购物下沉到了人们的日常生活中。这不仅丰富了消费者的购物体验，还通过智能化、数据化等高科技设备与独特的运营模式，创造出了很多新玩法。

与此同时，这一举措也大大激发了线下商业的消费热情。可以看到，不管是线上线下，各个商家都在不余遗力地宣传与推广天猫6·18购物节活动，而线下商店给出的优惠幅度堪比线上，只要在天猫商城领券，就可以享受多种不同组合的线上线下购买优惠，例如满300减50、满500减99，甚至折扣最高可以满500减200等，这种线下的折扣活动吸引了众多消费者。天猫此次线上线下的购物津贴活动，预计将明显拉高线下门店的消费，带来线下实体商店销售的迅速增长，实现了线上线下的双赢。

此外，天猫国际还在杭州线下体验店创新性地开创了一场线下"新零售秒杀"活动。在线下体验店来店消费的顾客只要拿出手机对准屏幕秒杀，就可以以非常优惠的价格拿到想要的商品，实现全国首次可以线下下单，而线上发货的跨境购物体验。例如，消费者在天猫国际杭州线下体验店看中了一款商品，完全可以在线下购买，而天猫国际会从保税区直接发货到顾客家中，这样可以享受比海外门店还划算的优惠，而且省时省力。这种新零售的购物方式，既满足了消费者线下购物的场景感受，又兼顾了电商销售的优惠与便捷，深受众多消费者的喜爱。

三、新零售促进物流和供应链升级

在新零售的模式之下，除了购物方式更加丰富与体验感更强，物流与供应链层面也大大升级，天猫也预计将一小时达的服务范围扩大到 21 个城市，实现用户从下单到收货最多只需要"一个小时"的目标。而新零售的代表品牌——盒马鲜生门店，也将会为周边 3 千米范围的消费者提供最快 30 分钟免费送达服务。物流速度的大大升级让线上线下的零售消费都迎来了流量小高峰。

随着互联网的发展与电子商务的兴起，零售业在激烈的市场竞争中不断改变、进化成多种的业态与形式。电子商务巨头阿里巴巴的创始人马云指出"线上线下物流的真正整合，便会产生新零售"。

"新零售"概念的内涵，即为："在互联网及新信息技术快速发展的环境下，线上线下快速融合并具有高价值、高体验的无边界零售模式"。

作为"新零售"概念的提出者，阿里巴巴一直在思考如何让新零售帮助全球品牌实现实体零售资产与消费者全域连接的重构。而让已经在网络电商成熟运营的各大品牌走进新零售，企业的组织架构升级是不可避免的，也是新零售业务布局的第一步，全面拥抱新零售是品牌自我更新的必要条件。奥康就是其中一家与天猫进行大刀阔斧新零售改革的企业，新零售成为了企业利润增长的重要来源。

在数字经济时代，各个品牌存在的最大问题也许并不是 IT 系统的落后或是电商发展的疲软，最大的问题是传统商业的逻辑已跟不上时代和消费者观念与行为的发展。由天猫开启与布局的新零售业务正在赋能全球品牌率先在中国落地，引领一场全球的商业变革。各个品牌力图与天猫合作进行数字化改造，这已成为其一项核心工作之一，向上汇报领导层与管理者新零售业务布局，向下推进门店导购执行，横向可调度起内部所有部门，将组织架构调整升级为新零售服务。

美国的新零售业务——Costco

在如今快速发展的互联网时代下，传统零售商都在寻找新的发展机会与方式，希望能与互联网接轨从而实现线上线下的互补与融合，这也不乏国外的零售商都在纷纷寻找新零售业务的机会。

一、Costco 新零售成功元素之一：客户群

Costco 是美国第二大传统零售商，在亚马逊强势竞争的市场环境下，Costco 的市值仍然在 2006 年到 2016 年间增加了将近五倍，这个成长速度是非常惊人的。尤其是在互联网与电商发展的白热化时期，2011 年至

2015 年 Costco 的收入增长了 51%，值得注意的是，同期 Target 的收入增长 9%，全球最大零售商沃尔玛的收入增长只有 16%。

除了拥有较好的管理与运营之外，其商业模式以及面对的消费者和市场差异也让 Costco 在沃尔玛等强大的竞争压力下获得发展。具体来说，与沃尔玛提供廉价商品赚取规模化差价不同，Costco 面向的客户主要集中在美国的中产阶层，提供更优质的服务。这部分中产阶层客户实际上是一个非常大的客户群体，具有不相上下的购买力，这便给 Costco 提供了很大的成长空间。

这也给新零售的企业提供思考角度，在实际落地运营的过程中，企业一定要注意自己想要锁定的客户与目标群体，做到有的放矢、精准化定制与营销。

二、Costco 新零售成功元素之二：会员费

此外，Costco 并非从商品差价赚钱，而是把利润锁定在了"会员费"上，并且其主要利润都是来自会员费。与沃尔玛相比，Costco 的会员费比沃尔玛的 Sam's Club 的会员费要相对高一点，但由于 Sam's Club 并没有与沃尔玛主体有太大的差异化，从商品的差距看，Costco 实际上提供更加高品质和性价比的商品。并且与新零售的核心一样，Costco 非常注重消费者购物的体验与感受，在商品的摆放与店面的布置上不会让消费者感到繁杂。

尤其在中国市场上，Costco 并非从实体零售进入，而选择从网络平

台进入。Costco 主要与天猫国际海外官方旗舰店进行链接，目前在中国市场上经营的商品种类已覆盖大部分零售商品种类。Costco 的新零售，"新"的亮点在与它的商业模式创新与目标客户群体的精准选择，让其在竞争激烈的零售业市场中大放异彩。

新零售背景下，我们该怎么做

面对新零售与新的零售商业模式的改变与创新，我们又该如何去应对以及把控呢？作为电商企业如何在日益激烈的市场竞争中，通过新零售业务找到新的利润增长点？这些都是值得关注的问题。

一、整合优化，助力全渠道零售业务

在数字技术革命与经济社会飞速发展的当下，网络购物与电商发展也在迅速变革与进步，以数字技术为核心的商业模式和策略颠覆了传统零售业态。

由于生活水平物质基础的提高，新时代群体和中产阶层将成为消费的主力军，人们在购物过程中会越来越注重消费的体验与效率。因此对零售企业的渠道整合能力和消费者路径偏好调研要求会不断提高。

企业要整合优化自身掌控的优势资源，运用先进的研究方法诸如大数据分析、云计算等，在各种零售渠道的特点的基础上为消费者提供更多、更舒适的购物体验，这也是新零售发展的必然要求。

二、以人为本，加强个性化定制

现今，线上零售竞争激烈，企业的销售策略与模式推陈出新，其中个性化定制和"预售"模式成为改进的方向之一。在新零售的环境下，个性化定制和柔性生产是电商企业应对激烈竞争时的有效策略，这种策略不仅能够使企业提前掌握消费者的需求，也能够减轻企业的库存压力，从而提高企业资源利用的效率。

新零售强调的线上线下全渠道融合要求企业在市场服务、产品服务、交付服务等方面做到以客户为中心，通过线上线下的融合为实现更加精准的客户的个性化定制。人本原则也是新零售概念的核心与本质所在。

三、"社交 + 体验"，丰富消费者购物空间

信息技术与网络发展正在以强大的动力推动着人们生活方式与商业

模式的巨大改变。据研究调查显示，消费与物流的便捷性是消费者倾向网络购物的重要因素。

零售企业要更加注重消费者社交与体验的满意度，灵活运用社交工具，组织与维护客户资源，将娱乐性与社交化的信息增值服务延伸线下，从而增加客户的黏度与忠诚度。

同时，新零售所涉及的线上线下双向融合，也要求电商企业要把服务和产品落到地面，这就更要注重新的信息与数字技术的发展，诸如智能仓储物流、智能咨询服务、大数据与云计算等，在简化实体零售交易过程和成本的同时也提高服务水平。

随着社会经济的发展与进步，单纯的网上电子商务模式开始渐渐衰落，越来越多的电子商务企业开始转型与试水线下商铺的发展，力图使线上线下充分融合，积极拓展新零售业务。相信未来新零售还有更广阔的发展空间，实现零售业态的又一次巨大进步。

Chapter 6

全新 O2O 模式，新零售的未来在哪里

2016 年，马云在杭州的互联网大会上提出，让新零售迅速在电商与零售领域流行起来。数字化零售、大数据电商、全渠道以及精准营销等热词开始频繁出现。单纯的电子商务市场已逐渐饱和，更多的人开始将目光放到了具有巨大发展潜能的线下零售市场。

服装企业的新零售尝试

我们不得不承认，新零售与 O2O 模式，为低迷的服装市场与传统的服装品牌打开了新的局面，拓展了新的渠道，并使线上线下进一步融合，为服装产业又带来了一次机会。

尤其是线下占据较大市场规模的服装品牌，借助其品牌及其供应链优势，企业对信息领域物流进行重新构造，使利益分配模式更加优化。消费者消费行为的变革，以及消费者对消费互动体验、分享娱乐的要求，消费者对传统的零售习惯正在慢慢发生改变。

一、O2O 模式下的成功绫致

而对于零售业而言，以大数据为核心的新零售，以及 O2O 都在影响着传统服装企业的版图，消费者在海量的数据信息中渐渐不再零散破碎，而是成为了一个个由碎片化数据支撑起来的人，会表达自己真实的想法和需求。

虽然 O2O 已经是老生常谈的一个名词，但真正实现了线上线下深度融合的 O2O 的企业还没有出现，仅有的层面只是将线下的老客户引流到线上，或者鼓励线上客户到线下进行消费等。由于顾客需要进行试穿与体验，所以服装企业特别希望能够解决无法进行试穿等问题。绫致在这个变革中做得非常有代表性。

来自丹麦的服装零售巨头 —— 绫致时装公司，一直以来，它的品牌服装都在我国市场表现出色，其旗下四大巨头品牌，ONLY、JACK&JONES、VERO MODA 以及 SELECTED，在我国服装业市场的年轻消费者中具有非常大的吸引力。其品牌覆盖了我国 300 多个城市，拥有 6000 多家门店，排在我国男女装品牌榜单的前列。

由于绫致时装公司对其品牌在中国的产品定位、渠道策略以及策略营销等进行了本土化改造，成为我国各个中大型商场的标配，甚至比许多国内的服装品牌都表现得更加优秀，甚至有"无绫致，不商场"的说法。

但即使在线下表现如此出色的企业，在电子商务的浪潮中依然受到了不小的冲击与影响。由于线上流量的巨大分流，其线下的店铺流量下降幅度较大，消费者的年轻化趋势降低，品牌和产品也开始显得逐渐单一。于是，绫致也开始尝试寻求模式上与运营层面的突破，它的转变之路，就是向新零售方向转变。

二、新零售转型路上的双赢模式

绫致时装向新零售转变的第一步，就是与微信的"微购物"进行合作，在短短 3 个月的时间，以 66 家线下门店为试点，增长了近 1000 万元的营业额，这次成功的合作也为传统服装企业的转型作出了示范样例。

在与腾讯达成战略合作之后，绫致时装只需通过微信的公众账户与平台，就可以进行大面积的广告宣传、品牌营销以及便捷购物等。未来这种线上线下的结合将会精准到一对一的线下导购，从而实现更加贴心的预约与试穿服务，也可以最大程度上根据用户的需求来实现精准的服装推荐与导购，从而可以让消费者能够提前介入服装选购的过程并节省双方时间。

此次绫致时装与"微购物"的合作，突破了传统的交易模式，并打造出独树一帜的私人订制模式。在线下，只要消费者在绫致时装的 6000 家实体店中的任意一家看上了某件心仪的衣物，只要用手机的微信"扫一扫"吊牌二维码就可以自动出现相关的服饰搭配。

公司会根据库存状况来进行推荐，并且线上线下全线打通，不管是线上线下结款还是取货都非常便利，这种新颖的模式让消费者对线上线下的服装有了更直观的感受，也赋予了时装销售的新方式。

在与微信进行合作的过程中，新零售也让两家企业都实现了双赢。通过扣点模式，微信也能从绫致时装 300 多亿元的线下销售增长中获得盈利。

总之，绫致时装的最大特点就是私人订制，即通过第三方的 O2O 的在线工具（例如充分利用微信、微淘、微生活等）与平台自身运营的 App 结合，通过这些大流量的入口与便利，建立起了品牌商和消费者之间的长期稳定联系。融合创建起了创新性的服务和体验平台，也为消费者提供了更好的个性化服务和创新性体验。

那么，传统的服装企业如何通过新零售的思维与方式来实现 O2O 的转变呢？

三、通过新零售思维实现 O2O 转变

传统的企业想要通过新零售思维实现企业的 O2O 转变，大致的步骤如下：

首先，要全力建成和完善与 O2O、新零售相匹配的信息技术系统，并实现线上线下的联通。尤其要注意不能将线上业务单独地分离出来，如果只是单纯的线上业务操作，那么就仅仅是电商而已，而不是真正意义上的新零售。

作为服装企业，消费者注重线下的体验感与实体感受，通过线上线下的全线打通与对接，可以更好地丰富消费者的体验感受。保障消费者在线下可以实时查询例如消费金额、消费纪录以及商品和消费积分情况等等。与此对应，线上购买的消费者也可以通过线下的实体店与门户同步地进行查看浏览，线上线下的活动与宣传同步进行。

而大数据和销售平台一旦建立完成，服装企业也可以通过例如在淘宝、天猫等的数据分析与掌控实现线上线下的库存连通，从而指导服装企业与线下门店判断与设计消费者喜爱的服装款式、颜色等，形成商品产需的一体化与库存的电子化。

其次，在建成 O2O 与新零售系统后，服装企业的管理者要维持线上

线下的有效活动，进行持续性的消费引导，来提高消费者的消费强度和次数。例如可以通过以下几种有效手段：一是对线上线下的沉睡客户不定期地发放优惠券和活动参与通知，推动和刺激消费者进行线上或者线下的消费活动，比如会员卡和积分的预售，特卖、不定期的抢购活动或者搭配互动等等；二是线上的积分活动与快递服务不断下沉延伸，例如消费者绑定会员可获得相应积分，并便捷地进行积分兑换。

此外，服装企业还可以考虑通过"送货试穿"的方式来建立起更好的信任关系，线下的实体服装店也可以更好地实施这个模式。并且，企业方一定要注意消费者不满意的衣物退款退货一定要及时，留下良好的诚信印象，这样才会有更多的合作机会。

除了绫致服装，在新零售思维与模式的影响下，众多服装企业也纷纷开始探索服装零售的新模式。

四、多家企业探索新零售模式

首先是在国内较有影响力的男装品牌——雅戈尔，预备在未来利用 O2O 来实现营销平台的大升级，实现全渠道的运营发展。在这个基础上，公司将会建成大数据与大会员平台，为此，雅戈尔提出"四个 1000"的发展计划，即在一年时间内发展 1000 万名的活跃会员（要求是年消费金额超过 1000 元即可），强力建设 1000 家营销平台（要求是年销售额能够达到 1000 万元以上）。通过对客户活跃、销售业绩良好门店的大数据的掌控，搭建起线上线下联通的大数据体系与平台，让消费场景实现更好地落地与多元化应用，从而实现盈利能力和品牌价值的规模化提升。

作为日本的知名服装企业，优衣库也紧跟互联网发展趋势，力图最大化地将线上向线下导流。优衣库的新零售模式主要以门店为核心，将O2O的工具作为门店服务的一个重要工具，例如发展O2O与大数据为线下的实体门店导流并提高销量。他们采取了诸如线上优惠券的线下使用、线上与线下服装的同步新品预告，以此来吸引消费者来店试穿与消费，通过精准营销来实现对线下门店的导流。

国内的服装品牌商美特斯邦威也推出了自己的"生活体验O2O"，通过在优质商圈建立品质与服务双高的生活体验店，例如可以为消费者提供免费上网、咖啡、数码设备等，吸引消费者在线下实体店内使用平板电脑和网络进行线上线下的双向选购。

作为中小型的服装品牌，歌莉娅也力图通过第三方的O2O平台与工具，利用第三方工具线上的强大流量能力来实现自身品牌的宣传，并着重在增强客户黏性方面加大力度，例如定期给活跃客户发放优惠券与新品信息等。通过社会化的平台来聚集活跃的消费者与客户，吸引客户到线下门店购买。线上的粉丝互动有力地提高了黏性，这样新品发布、优惠活动等就会更加具有精准性与导向性。与此同时，也能提升线上与移动端的购买能力。

国产服装品牌鄂尔多斯则另辟蹊径，将电商业务与实体门店销售各自独立，即线上的电商都没有权限进行发货、存货，只负责接单和服务工作，由线下的门店来进行销售与发货，电商部门在线上营销与战略层面发挥着更加重要的作用，这样也会让线上线下的业务更加独立与清晰。

快时尚品牌森马，也推出了其O2O的战略与发展，在线上线下全线打通的基础上提出了利润分成。

传统的服装企业通过新零售的方式与工具，实现了品牌与销售的新拓展，线上线下环节的有序打通也为 O2O 的发展提供了机会，重构了服装企业的信息流与物流系统，也优化了企业的利益整体分配方式。

京东整合优势，迎接新零售模式

长期以来，京东凭借其出色的物流服务在电子商务市场占有了一席之地。但不断创新、不断发展仍然是其重要的一部分，求变求新仍然是京东目前和未来发展的主题，尤其是如何利用自身累积起来的社会化资源来实现突破与转型是京东战略思考的首要方面。

一、全方位调整，解决短板问题

谈到京东的优势资源，它在品牌知名度、自建物流网络覆盖度、正品效应、物流服务美誉度和快速效应、品类齐全、pop 平台运作经验等方面具有其他电商和互联网公司无法抗衡的优势，这也正是京东在前期发展的过程中积累与打造的优势。

但由于京东的产品主要倾斜在 3C 电子等产品上，主要的客户群体为男性客户，而在服装、食品、家居等女性客户占主导的市场中不占优势，这对于京东拓展客户群体与丰富产品内容层面有很大的短板。

在近期的战略举措中，京东明显地意识到了这个问题的存在，开始进行有意的调整。例如，京东不久前对以女性时尚搭配社区为主题的移动电商"穿衣助手"进行了投资、研发上线"京致衣橱"手机应用以及赞助《爱上超模》真人秀节目等，都是在为京东进行产品转型与扩充线上商品品类进行前期铺垫。

二、打造服装 O2O 闭环，争取双赢

在新零售和 O2O 模式的尝试中，京东开始以服装领域的产品为跳板进行试水，与绫致、拉夏贝尔、李宁、特步这四家服装企业共同打造服装 O2O 闭环，试图在服装领域站稳脚跟。

凭借京东的物流优势以及这几大品牌的线下影响力，通过调整公司内外部的资源与利益分配机制，开始让京东自身的 O2O 平台显现雏形。在顺丰尝试跨界进行 O2O 折戟的同时，京东凭借自身的优势获取了强有力的社会资源实现发展，而单打独斗实现转型变身在现今的商业环境下已越来越困难。

京东在整合优势资源方面，明显做得比顺丰出色。京东的优势在于其

流量、入口的便捷度、物流网络以及快捷的收发货速度，如果再结合线下服装企业的品牌知名度、遍布各地的门店，那么与绫致时装一样，通过线上线下两种资源的有效整合，在订货、取货、送货、退货方式等做到场景化、体验感更强，可以说京东跨出了成功的第一步。

尤其是在当前服装企业高库存的情况下，如果能与 O2O 模式进行有效的结合，那么对于双方而言都是一件双赢的事情，这也让京东在服装尾货领域有实现弯道超车的可能，更是进行社会资源有效整合，效仿阿里巴巴、天猫实现自身再突破的一个机会。

对于其他企业而言，京东此次的 O2O 尝试战略也具有一定的借鉴意义，即要尽可能地进行资源整合，而不是新资源的再投入。只有这样才能在减少投入成本的同时进行资源的优化配置。

在找准社会痛点、企业痛点和客户痛点的基础上，对供应链资源进行有效整合，才是未来电子商务的发展方向。

传统企业的新零售转型

在新零售和互联网的浪潮下，传统企业要与新兴企业一起在激烈和快速变化的市场环境中竞争，企业之间的竞争逐步加剧，但最为重要的是企业之间要互相学习、取其所长。尤其是对于想要转型新零售的企业，方向和目标应该是什么呢？从以下的案例可以略窥一二。

一、透过连锁汽车保养公司看传统企业的新零售转型

在某地有一家传统的连锁汽车保养公司，但由于其创办及发展都是在传统的商业逻辑与模式之下，不管是内部的运营还是品牌的宣传推广

基本都与互联网无关，而只是靠着传统的记账方式和顾客口碑相传来维持生意。

在互联网和电子商务的冲击与浪潮下，这家公司的汽车周边产品销售都出现了困局，利润也越来越少。于是公司负责人思考在先进的新零售环境下，传统企业应该如何进行转型与变革。

支持进行新零售模式变革的公司管理者认为，应该对当前的公司业务进行数字化的升级改造，并运用互联网和大数据等方式来跟踪与分析客户需求与市场环境，从而提升更好的客户体验与更高的服务效率。而反对的员工认为数字化改造只是一个噱头，没有真正地抓住零售业的核心，对其进行升级。

到底哪一种办法好呢？

其实，新零售并非是对原来零售业的全盘否定，它的本质在于提升客户体验与服务效率，这是最重要的两个方面。企业想要发展新零售，"更高的客户满意度"和"更高的服务效率"是基准，如果新零售只是在门店安装一些酷炫的联网"大屏幕"，或者设置几个"互动和 AR 游戏"，这仅仅是一个招揽顾客、增加顾客流量的手段，而不能从实质层面上为消费者带来更好的购物体验。

那么，要做好新零售，需要达到哪几点要求呢？

二、传统企业转型新零售，应该做好哪几点

传统企业想要转型新零售，需要做好以下四点：

1. 要尽力去追求更好的客户体验

以传统的家居行业为例，在如今新零售的大背景和趋势下，家居行业作为传统行业如何迎接这一个挑战，从而实现零售的升级与再构成为了亟待解决的难题。新零售与传统家居行业的融合仅仅是线上零售与线下零售的结合吗？互联网新家居所要打造的新零售究竟是一种怎样的模式呢？

在实际的操作层面上，家居企业主要也是通过网络平台与线下实体店的结合发展，开拓和布局线下的体验门店，以此作为线上线下的深度融合窗口，让更加注重消费者客户体验的新零售从概念逐渐下沉落地。而对于一些原创的设计家居品牌，从互联网端口吸引消费者的目光，并从线下体验店来提升消费者的感官感受与消费体验也成为了新的发展路径之一。

很多的互联网家装品牌与平台也纷纷开始与线下的家装公司进行合作，实现资源整合与共同发展，家装行业线上线下的融合之路在不断地深化。

2. 落实到物流，实现从生产端到消费端的物流供应的有效支撑

新零售对传统家居行业和企业的影响与改造还体现在物流层面。由于传统家居行业开始与拥有巨大流量的互联网结合，其线上线下的发展对物流的要求也在不断提升。

一般而言，家居产品并非属于完全的非标准化产品，针对物流的要求也就更加复杂与专业，还要考虑到家居产品在后期消费中的安装与售后维修等问题。

传统的物流对众多跨地区的业务来说已无法满足需要，这也需要企业结合自身发展情况，真正打通线上线下物流的渠道，才能实现新零售的真

正落地。

3. 新技术与智能化的结合，获取消费者的体验感和认同感

新零售有一个很重要的认知特点就是特别注重消费者的体验感与认同感。在目前的互联网消费主力军中，"80后"与"90后"的消费者在消费习惯与喜好上更加注重体验与仪式感，比较看中的是在其消费过程中能否满足体验与情感上的需求，这也决定了新零售的发展要围绕着客户价值与体验。

所以，不少的家居企业开始探索线下的体验店模式，探索"生活馆"与"体验店"，这种线下体验馆并不单纯地售卖家具，而是更加注重消费者在消费过程中的体验。

例如可以在体验店内小憩并体验最新的智能家居，体验 VR 技术与最贴近实际的生活场景，从而在情感与心理上产生对企业的满足与认同。除此之外，传统家居行业的新零售之路如何吸引消费者的目光？这就要靠科技与技术来获取市场流量了。

在新零售的大背景与风口下，虚拟技术、人工智能与互联网逐步渗透进家居行业，不少家居企业和卖场开始引入 VR 与 AR 以及智能家居。让新零售拥有"新技术"，新技术与智能化的结合可以产生更大的吸引力，这样不仅可以吸引消费者的目光，也可以让消费者的体验得到更大程度的满足。

对于企业而言，新零售不只是一个新颖的名词和概念，落实到企业的业务和操作层面，是从客户分析、产品研发、全域营销以及生产配送的相应链路的构建，这是一个完整并且有序的数字化产品以及供应链体系，建

立与围绕的关键是客户的心智与消费感受。

4. 互联网与大数据工具层面，要有全流程的大数据辅助和驱动

新零售更加注重对客户体验的极致实现，以"数据驱动"和智能算法为主要抓手来推动互联网企业与零售业更好的发展。

面对如今新零售汹涌而来的浪潮，传统企业与新兴企业要学会联合和各取所长，以开放的姿态来拥抱数字化与智能化发展。传统企业在线下拥有广阔多样的资源与渠道，而新兴企业则拥有线上巨大的流量与市场，二者联合发展既可以掌控线下资源又可以开拓线上渠道，产业与数据的结合必然会迸发出更大的能量。

因此，新零售实际上并不是传统零售业的替代，而是一种更好的融合与创新。传统企业要以开放的心态和客户价值中心，寻找与联合自身与新零售的结合点，只有这样才会有更好更远的发展与未来。

只有把以上四点结合起来，才会形成并达到我们提到的传统企业的新零售转型。

社区新零售的O2O模式："顺丰嘿客"店

在新零售的发展热潮下，迅速发展的顺丰凭借其快速、精准的物流体系，也早已开启新零售的战略布局。

一、顺丰布局商业版图

截至 2013 年，顺丰快递服务已经延伸到了中国大陆的 31 个省、自治区和直辖市，覆盖了 300 多个大中型城市和 1900 多个县级市区。

但由于近年来电子商务与快递业的迅速发展，顺丰的发展也遇到了不小的瓶颈与冲击，次日达在京东的强势压力下也已经不再是优势。并且，顺丰在电商领域的发展也有不小竞争压力，10% 的订单量迫使顺丰在未来的发展中开拓新的局面与版图。

早在 2010 年 8 月，顺丰就已经开始布局商业版图，成立了"E 商圈"并正式开始运营。

2011 年，顺丰在"E 商圈"的基础上，开始在深圳局部探索便利店业务。

2012 年 6 月 1 日，正式上线了"顺丰优选"。

2014 年 5 月 18 日，顺丰开始正式在全国开展便利店与社区新零售业务，"嘿客"正式上线。顺丰意图将便利店"嘿客"定位为网购服务社区店，通过整合顺丰自有的多元渠道为顾客提供更加灵活便捷与智能化的线下社区服务。

在顺丰的战略布局中，"顺丰优选"负责线上的销售与电商运营，"顺丰嘿客"则负责线下体验和流量引入。两个业务条线相互补充配合，可以让顺丰同时发挥快递的时效和质量优势，从而推动物流和商流的协同发展。

在尝试便利店后，顺丰开始筹划新一代的便利店"嘿客"，并力图通过其全国范围内的物流与门店体系，在短时间内覆盖全国大多数城市，希望能在智能化的新零售领域里获得先机。

二、"嘿客"的新零售之路

目前，"嘿客"在全国范围内的店铺总量已经达到了 518 家，其所提

供的服务也在不断地深化与丰富，除了包含物流配送、生活充值服务以及
水电费代缴等贴近民众的服务之外，还提供能够让消费直接在店内消费购
买与体验的服务，以期实现电子商务的 O2O 体验。

凭借着其物流优势与资源，顺丰在"嘿客"的实体店中提供了商品的
预售、展示以及物流的服务，由于"嘿客"店内是零库存，消费者对意向
购买的商品可以提前到店内体验，满意之后即可扫描二维码进行消费，配
送便由顺丰来进行。

除此之外，部分地区的"嘿客"还提供 ATM 机、洗衣间以及家电维
修等社区服务。为了实现电商与快递行业的"最后一公里"，顺丰在此次"嘿
客"的店铺打造中也在继续深化购物链条的末端，从而打造成一个综合的
平台。

此次以物流为切入零售终端发展的 O2O 模式，在整个新零售业务形
态中都较为新颖，但其未来发展能否顺利还需要看其经营与发展。正如之
前京东在设计便利店 O2O 一样，"嘿客"也存在着不小的风险。加上"嘿
客"的零库存设计，其店内没有任何实体商品，只有一些 IPAD 等购物终
端机以及二维码海报，消费者也只是在店内进行线上的商品购买。由于便
利店较高的成本和激烈的竞争，顺丰如何实现支付体系的闭环是非常重要
的一环。

此外，作为一直深耕物流系统的顺丰，由于没有规模化和较有吸引力
的线上资源，"嘿客"在前期宣传方面可能也会遇到不小的阻碍。再加上
"嘿客"主要面向的是社区居民等消费群体，购买能力和消费能力有限，
有些人群例如退休人员可能并不会通过电子设备和移动终端来购买生活
日常用品。

而对于年轻人来说，便利店提供的终端自助网上购物，完全可以被手机淘宝来取代。所以，虽然顺丰此次的形式较为新颖，但实际的落实与推广效果可能还要打上一个问号。

作为需要进行实体店打造的新零售，其更加注重消费者的体验与感受，这对于从未进行过实体店经营与操作的顺丰来说也是一个新挑战，尤其是"嘿客"在全国范围内的覆盖速度会产生不少的店铺选址等问题，也面临着风险。

然而，即便充满了未知数，顺丰的此番举动也在表明新零售的发展趋势已经势不可挡，线上线下的深度融合必然是未来商业模式发展的明确方向，这是一次充满机遇的尝试。

新零售的开拓——生鲜电商创新

　　自 2016 年马云在互联网大会上提出"新零售"以来，新零售就引起了很大的社会反响与市场反应。线上与线下的双向结合成为了电商企业甚至传统零售企业的未来发展方向。作为电商与零售业的巨头企业，京东和阿里巴巴的新零售也争相开始布局零售业的新业态。

　　在这一背景下，阿里巴巴率先提出了"五新一平"的新零售发展战略，即"新零售""新制造""新技术""新金融""新能源"，"一平"则指的是好的营商平台。随后，京东也发布了自己的"3F"战略，即 Factory to Country（工业品进农村）、Finance to Country（农村金融）以及 Farm to Table（生鲜电商）。而新零售的真正落地与门店化，可以算作从"生鲜"行业开始。

一、从"盒马鲜生"的线上线下结合看阿里的新零售布局

由于生鲜行业与民众的日常生活息息相关，其购买频率非常高并且具有口碑效应，有足够的空间发展与拓展新零售业务。知名度较高的当属阿里巴巴投资的盒马鲜生，它采用"线上电商与线下门店"结合的方式迅速吸引了众多的消费者目光。

盒马鲜生将生鲜超市与餐饮和线上业务仓储结合为一体，将门店的承载功能丰富化，受到了消费者的喜爱。盒马鲜生是阿里巴巴尝鲜新零售大战略的重要一步，采用超市和餐饮以及前店后仓的创新模式让人印象深刻，"悬挂链"系统在店内的前台和后仓都有所使用，并且可以实现在30分钟内三千米半径内到达的配送服务。

除了在实体店采购新鲜的生鲜产品，盒马鲜生还提供在线购买的服务。盒马鲜生既是超市、菜市场也是餐饮店，打造了一种全新的购物方式。这种经营模式和服务在经过尝鲜期后也逐渐走向成熟，被广大的消费者接受。

故而，盒马鲜生也开始了全国化布局，目前已经完成了我国7个一线城市25家门店的落地，未来还会在二线城市进行扩张，加速抢占生鲜行业的新零售市场。

与此同时，京东也开始在生鲜行业开拓新零售市场，在自己的公司大本营北京亦庄开设了7FRESH，这也是阿里巴巴新零售与京东"无界零售"的较量。

二、从 7FRESH 的运营看京东的新零售布局

从模式上来说，7FRESH 和盒马鲜生的业态非常相近，都是采用的线上线下结合以及超市与餐饮结合的模式。相对来说，7FRESH 店内的科技感可能更强一点，配备了不少例如自动跟随顾客的智能购物车、能够显示食物产地和营养成分的"魔镜"等令人耳目一新的黑科技。

从战略布局层面来说，7FRESH 的开设是京东在生鲜板块以及整个平台的有力补充，并且也承担着京东新零售线下重要阵地的角色定位与功能。随后，美团也开始在生鲜行业建立自有品牌——"小象生鲜"。

随着阿里巴巴、京东和美团等电商巨头纷纷加入生鲜行业，这一行业也在新零售引领和冲击下在不断地洗牌与创新，其市场的整体交易额也在逐年增长，生鲜行业也将会在新零售的大背景下迎来新的发展与机遇。

生鲜行业的新零售化，其实也是零售业整个业态不断升级变化的一个缩影，相信在新零售对市场不断地渗透下，越来越多的零售业态会随之更新供应链、物流系统，打造多种创新模式获得核心竞争力。

Chapter 7

新零售的困境

新零售的趋势与发展汹涌而来，越来越多的商业模式与渠道都纷纷向新零售思维与方式转变。在互联网与大数据的发展下，传统商业也在不断地进行流程再造。企业的团队、制度与流程也在向着更加精简高效的模式发展，数字化商业给企业与消费者都带来了很多的便利。但新零售与互联网商务在发展的过程中，也遇到了很多的挑战与困难。

传统零售业困境与转型

新零售商业模式与互联网商务在发展的过程中，所遇到的挑战与困难，具体表现在：

有的企业家认为，传统商业的组织结构与商业模式很难去做到真正的改变。或者说，这种转变非常困难，数字化也只能是流于形式。

有的的企业家提出，在新零售发展过程中，是否能有一个标准化的格式与模板，即"数据如何标准化"。在如今的物联网行业中，设备、数据、格式往往都是自说自话，彼此相互独立垂直。在考虑将商业做得更大的前提下，如何将数据进行标准化，从而更加便捷地进行开放与自由流动是一个值得思考的问题。

万达网络科技集团的负责人也指出，在新零售的冲击下，企业的利益重组才是最大的挑战。因为利益链的重组与合理分配并非技术可以解决，而这也是企业运行的重要核心。此外，BAT的迅速发展所带来的互联网"垄断"也是互联网与新零售发展的一个阴影。

一、链接大数据

现今，传统零售业的发展倘若不链接互联网与大数据，想要做大做强会困难重重。尤其是处于零售业价值链中下游的低端零售业，面临着劳务困境和日益壮大的网店的冲击。随着电商的迅速发展、消费者消费观念的不断升级更新、物流和供应链的整合与积累以及商业地产格局的分裂与重组，互联网与新零售在不断倒逼线下的传统零售业转型升级。

与此同时，线上的电商也面临着流量入口门槛提升以及价格上涨的风险，线上线下必然要出现融合与破局，只有这样，才能获得行业持续稳定的发展。因此，例如盒马鲜生"永辉超级物种""小米之家"这种意图整合线上线下零售与物流资源的企业与商店就出现了。

新零售的商业模式属于线上线下的融合发展模式，在企业流转方面，这一商业模式可以使商品的覆盖与渗透率得到有效提升，也让B2B的企业发现新的机会。

社交电商、内容社区等消费场景的打造，让消费者与线上企业之间的距离无限拉近。线上线下同品同质同价也让消费者无须再进行价格比对，消费者有了实地购买场景的机会，同时还能享受到面对面决策的权利。

传统企业的困境让新零售得以出现与发展，新零售通过互联网与大数据得以让传统零售同时拥有线上与线下的渠道，实现商品的同质同价。

二、数据闭环

对于消费者来说，这样的线上线下的融合无疑会帮助消费者在渠道的选择上提高效率。对于零售企业来说，将销量高的产品积极进行线上线下的渠道整合可以为其带来更高的收益与利润。

企业赖以生存和发展的核心，就是为用户提供高质量的产品与服务。而在互联网技术下的渠道与供应链的整合，可以让零售形成一个真正的链条数据闭环。

具体来说，互联网与大数据的应用可以让企业能够及时迅速了解消费者在何时何地购买产品，重购率又如何等。这些反映终端用户行为的数据，能够让企业快速反应并及时改进销售策略、调整产品，从而更好地提供产品与服务，形成良性的循环。

因此，对于零售业来说，其核心的任务与工作就是打造线上线下的数据闭环，从而提高品牌的反应速度与效率。这也对新零售的供应链与物流能力提出了挑战，企业与品牌方要加大对其供应链能力的提升。

打造一条流转速度快、反应灵敏并且具有一定柔性的供应链，对企业零售有非常大的帮助，因为销售前端无论有什么进度，在大数据统计下都能及时反馈到后端。后端的供应链与产品会根据进度及时调整和跟上。

除此之外，还可以打造出多元供应链。比如，快餐行业的餐饮供应链就可以与现代化的食品加工厂合作。数据闭环在这里是这样工作的：

食品加工厂加工和处理好食材后打包，并制作好料包。然后通过企业自有的冷链配送体系，或是第三方物流平台，送达到餐厅，餐厅提供直接线上点餐的供应链，一旦有点餐的，餐厅马上加热出售。

这些环节的每一步都是在供应链的升级上做好工作，从而适应企业新零售的转型与变化。

小米遭遇新零售困境

一直以来，小米都是以互联网销售起家，并迅速获得众多用户。一度也因为线上营销方式与性价比取得很好的市场业绩，并实现成功上市。然而，小米经销商却并没有感觉到轻松，他们在小米的新零售模式落地的过程中，遇到重重问题，小米遭遇了新零售困境，它该如何解决问题走出困境？这是一个重要的问题。

一、小米力争线上线下融合

然而随着电商的快速发展，网络人口开始出现饱和趋势，流量的福利开始逐渐缩小并且门槛逐步提高。小米在出货量、品牌知名度甚至技术等方面都开始遭遇瓶颈，小米的线上流量红利在逐渐减少以致消失。

在线下，小米的经销商因为手机行业市场整体趋于饱和而产生流失。尤其是在智能手机市场竞争日益激烈并且全球手机市场增长放缓的境况下，除了华为荣耀的强力竞争之外，OPPO 和 VIVO 也在不断地拓宽其产品线（单一的旗舰型手机向低价的 ODM 模式转型），小米面临的商场风险日益增大。

在这样的环境之下，力争线上线下融合的新零售成为了产品、服务与信息通达消费者终端的有力武器。小米也开始寻找突破其纯线上的转型之道，试图探索二次创业，在科技创新、商业模式创新以及国际化等方面开始战略布局。其中，最重要的一个主题与方向便是新零售。在马云提出"新零售"概念后不久，雷军也表示：新零售就是要通过线上线下互动融合。让线上的经验与优势延伸到线下的实体零售，这样消费者就既可以通过线下的场景感受与体验到产品与服务，又能够以线上优惠的价格购买商品。

在新零售战略的引导下，小米生态链希望通过"小米之家"、小店、专卖店以及授权店等来维系整个新零售的系统，起到网络与仓库结合的作用。这样，小米所发布的新品就可以迅速进行实地推广与宣传，从而铺向各级市场。并且，这些线下的实体零售店还可以起到售后服务作用，从而培养客户的忠诚度与黏性。

二、"米家有品"深化新零售，打造O2O

"米家有品"的 App 以及其官网（www.mijiayoupin.com）同步上线。在餐饮业的创意自营餐橱品牌 MAISON MAXX 也随后入驻"米家有品"，获得了不俗的营业业绩。尤其是小米开启的"创意族"自营板块，这个电商平台的建立主要是为了帮助小米引入智能化的创品，并与富士康携手，创立"智造众工厂"项目来推进创品与订单的落实。这一系列的举动都在表明小米力图打造 O2O 以及新零售的决心。

小米在 2015 年首次将其 Note 顶配版通过"小米之家"进行线下售卖，获得了良好的市场反应。到目前，小米的线下零售商店"小米之家"已经在全国开设了超过 150 家分店。同时，在未来的战略规划里，雷军表示要把"小米之家"开设到 1000 家，并实现五年之内超过 700 亿元销售额。

据悉，线下商店"小米之家"的运营模式，有效地让小米走出互联网销售与流量的疲软困境，通过这种全渠道的转型与新零售，"小米之家"让更多的用户群体更好地使用与体验小米的产品，不管是智能手机还是小米的智能家居。

据相关数据显示，线下的"小米之家"零售店每平方米的面积可以为企业创造出 26 万元的销售额业绩，这高于许多的奢侈品牌，仅次于苹果的每平方米线下零售店面积 40 万元的销售额。小米的 O2O 以及新零售开始发挥作用。

通过降低线上线下的运营冲突，减少线上流量的入口成本，有效提高了产品的供应链与产业链的供应和管理能力，小米的经营效率得到大幅提升，其产品出货和销量得以持续性的增长。

三、线上线下联动模式化解危机

尽管如此，小米的新零售门店实际上仍然处于起步与实验阶段。小米要注意其门店中的产品相对较低的利润与目前较混乱的进货措施会影响门店的辐射。比如不久之前发生的河南"小米之家"裁员事件等，就是门店运营与管理整体战略问题上的一个缩影。

小米虽然可以通过低价的模式迅速销售商品与积累客户，但长期缺乏利润支撑的产品很容易因为人力成本过高、地价房租上升等外部因素而产生阶段性的问题，这最终会影响到小米的产品与生态链，从而对公司的整体业绩造成损失。

倘若一直没有盈利性的产品存在，只打价格战，就会很容易让消费者对价格有一个固定的事前预判，从而影响整体的营收。在 Note3 新机刚问世后，将其售价定为 2799 元，但由于价格与市场预期的差距过大，出现了滞销与库存积压。

小米在随后的"双十一"期间主动将 Note3 价格降到了 1999 元，立即成为了最畅销的机型。这也是小米线上线下的联动模式来化解了此次价格危机。但这其实也是由于没有利润支撑的产品以及新模式运营问题的一个缩影，找到自身的价值洼地进行有力的探索，小米未来的新零售之路任重而道远。

快时尚如何突破新零售困境

与小米一样在突破新零售危机的还有快时尚。

早在 2002 年，以优衣库率先在我国开设第一家分店为标志，快时尚开始进入中国市场，Zara、H&M 等都纷纷入驻中国市场，开启了一股快时尚的热潮，并迅速成了服装业的一种新兴模式。

一、快时尚的兴起

在国内市场上，能看到众多快时尚巨头的旗舰店陆续开业，它们遍地开花，快时尚版图持续扩张。例如，GAP 在我国累计已经开设超过 150

家门店；Forever 21 累计达到了 23 家门店；ZARA 累计超过了 200 家门店，日本的 MUJI 累计超过 200 家门店；H&M 也开设了超过 400 家门店；等等。

在这十几年间，快时尚品牌凭借着其强大的设计、加工和发布新产品的能力，迅速地获得了众多年轻人的拥护与青睐。有新的流行趋势与元素出现，传统的服装和时尚公司可能要经过一季的设计才能推出最新的款式，但快时尚品牌却能迅速推出最新潮和最时尚的衣物与饰品，并且这些产品具有独特的时尚元素，总是引领时尚品牌的前沿潮流，因此深受消费者的欢迎。

从设计元素与理念再到成衣和门店销售，这中间的过程可以缩短到十几天就能够完成，较低的设计与制衣成本以及不断上新的产品在短时间内吸引了众多消费者的目光，尤其是具有一定消费能力和消费数量的年轻人群体。

但是近年来，快时尚的发展之路开始遭遇瓶颈与滑坡，利润开始不断收缩，关店的浪潮开始冲击着整个快时尚行业。

二、快时尚的瓶颈

外界对其的质疑与诟病主要集中在三个方面：

1. 快时尚品牌的款式抄袭

由于快时尚品牌要在短期内迅速设计出新品，必然在设计周期上要尽可能地缩短，所以很多品牌会借鉴顶级品牌的设计理念与元素，抄袭之风开始逐步显现，并且设计的款式与风格也日益趋同化，这也容易导致消费者的审美疲劳。

2. 其产品质量的不稳定

这也是快时尚品牌爆炸式发展的后遗症之一，由于快时尚品牌要以其新颖的款式和低价位制胜策略，低价格必然也导致其低成本，故而在衣物原料的选择与制作工艺上就会略显粗糙，产品的品质就会成为一大问题，不稳定的质量问题也令消费者担忧。

3. 来自互联网与电商的竞争

由于互联网和电子商务没有线下实体的成本额度，快时尚品牌的低价吸引力被弱化，并且众多的网红和自主设计师品牌也在不断地抢占市场份额，这也导致快时尚品牌的吸引力大不如从前。

快时尚品牌还有一个消费怪圈：消费者购买廉价的快时尚服装很快就厌倦，然后丢弃，再去消费购买。消费者也在力图摆脱这个怪圈，因为这实际上也是一种对人财物资源的浪费。

在新鲜感逐步消失后，消费者对服装的追求可能还是会落脚在产品的品质上，而不仅仅是价格。

这种现象在快时尚品牌的年度报表中也可窥见一二，优衣库母公司讯销集团在 2016 年的财政年度报告显示，尽管优衣库销售收入有所增长，但其营业利润出现下滑，减少了将近 22.6%，这也影响到其母公司讯销集团，其全年利润额在五年内也出现了首次下滑。

虽然优衣库通过降价的措施来挽回损失，但是也抵挡不住快时尚品牌的疲软之势，时尚业的零售环境已经开始变得日益艰难。

除了优衣库，从 2016 年的其他快时尚品牌的相关财报数据来看，Gap、H&M 等巨头的线下零售业绩也在纷纷走下坡路，H&M 集团的公开数据显示，其 2016 年 9 月份全球销售额只有 1% 的增长，并且出现五个季度的利润下滑，第三季度的毛利率甚至下跌了 190 个基点。尤其是在中国市场，H&M 曾经销售增速最高达到了 82%，如今已经下跌到了 16%。ZARA 也关闭了在中国地区最大的旗舰店。

据了解，美国著名的快时尚品牌 GAP 计划在全球范围内关闭接近四分之一的线下零售店，老牌的快时尚品牌 Mango 也预备关闭近百家店铺。在快时尚的发展之路上，实体零售店所面临的压力越来越大。

综合种种来看，快时尚品牌的发展是不是已经到了天花板？未来其发展模式是什么方向？

三、快时尚的未来之路

在遭遇了服装零售发展的困境之后，快时尚怎样才能突出重围，重返时尚市场？答案可能蕴藏在互联网中，即利用"新零售"与实体店升级。在 2017 年"双十一"期间，优衣库在天猫上的官方旗舰店的商品仅仅半天就全面售罄。

根据相关数据显示，优衣库在此次线上的天猫"双十一"活动期间表现非常亮眼，位居热门行业商家销售排行榜的第一名。同时，优衣库还是以最快速度销售破亿元的商户，因此它成为天猫"双十一"最早突破亿元的服装品牌。

在快时尚服装品牌发展如此艰难的环境下，优衣库是怎样突出重围取得如此好的线上销售业绩的呢？这一切都在于讯销集团（优衣库的母公司）的互联网与新零售战略。

随着电商和互联网的迅速发展，讯销集团也开始发展电子商务与新零售板块，未来也将会把电子商务的业务从现在的 5% 提升到 30%。

在天猫"双十一"期间，优衣库开始进行新零售的试水，打通线上线下的物流与销售渠道。只要在"双十一"期间购买的商品，消费者可以选择在全国四百多家的最近门店快速提货，这种线上线下的连通可以有效地解决快递爆仓与物流周期过长的难题。

自 11 月起，天猫的优衣库官方旗舰店也全面开通门店自提的服务，将这种线上线下的连通持续到日常的门店与线上运营之中。

除了优衣库以外，凭借新零售发展的契机，众多的快时尚品牌也纷纷开始进行自身的门店智能升级与流程再造，并且积极与互联网连通，开展新零售业务。

在过去的 2017 年，几乎所有的快时尚品牌的实体门店纷纷进行了门店的升级与改造。很明显，这些快时尚品牌都在对自己的经营策略做出调整，并在战略层面重新布局。

不少快时尚品牌的实体店铺开展新业态，并逐步融入新的技术。例如，优衣库就就预备在全球范围内开展半定制的业务，消费者在线上或者线下都可以进行衣物面料、颜色以及尺寸的定制。还有快时尚品牌将智能产品引入线下门店销售，比如，VR 虚拟试穿、选新品、优惠买与时尚穿等融合。

四、突破新零售困境

新零售的一个重要特点，便是对消费者消费体验的升级以及消费场景的打造。

快时尚品牌纷纷借助互联网、大数据以及科技智能设备为消费者的体验等级助力。在线上线下融合以及互联网方面，快时尚品牌也纷纷开始深入与调整。比如，ZARA 的手机销售终端 App 开始不断地优化系统并正式上线，这一款手机 App 能够帮助消费者在实体店铺浏览时进行智能化与个性化的导购，并且消费者还可以扫描商品标签的二维码动态知晓门店的库存情况与活动。

对于企业来说，这种线上线下的互联也可以让 ZARA 直观的知晓客户意向的款式数据以及最终的销售、库存数据等，从而有利于线下门店以及线上的运营和管理。

此外，在网络渠道铺设与连接方面，快时尚品牌都在积极地寻找新的盈利增收点。例如，H&M 集团计划在中国除官网之外首次开设官方的线上购买渠道；Inditex 集团（ZARA 母公司）也计划在更多的新兴市场进行网络销售，例如印度、马来西亚、泰国、新加坡等南亚与东亚的网络市场。

除了在新零售业务板块上做文章，众多的快时尚品牌也开始将眼光放在海外市场，优衣库预备在今年进入 H&M 的本土市场——瑞典并且在埃塞俄比亚设立制衣工厂，这家优衣库旗舰店的店面总面积将会达到 1580 平方米，设立四层，是一家大型综合的优衣库时尚店。尽管优衣库的重心仍然在亚洲市场，但此番入驻瑞典与西班牙的举动表明了优衣库进入欧洲市场的决心。

与此同时，H&M 和 ZARA 也不断拓宽其销售渠道与市场，相比较于西班牙每 2.6 万人分享一家 ZARA 旗舰店，中国是每 220 万人才能分享一家 ZARA 旗舰店，故而 ZARA 将会继续深入我国二三线城市来占领快时尚市场。

在新零售的战略与发展指导下，快时尚品牌的销售业绩与情况在逐渐好转。据 2017 年优衣库的财务报告显示，2016 年优衣库营业利润下滑了22.6%，但是在 2017 年的销售额与利润开始复苏，双双呈现上涨趋势。优衣库的海外市场的营业收入更是同比增长 31.4% 超过了本土市场。这不但为优衣库继续在海外市场扩张增强了信心与实力，同时也证明新零售商业模式的正确性。

多元化资本助力新零售

一、零售业的三个核心运营

零售的利润来源，其实主要来自三个部分：商品与服务、数据、地产。传统的零售业主要依靠商品和服务来获得市场的份额，而线下的零售实体必然也要联系到土地市场，故而还有一批依赖于房地产的零售业公司，例如以商业地产著称的万达集团。

其实，无论是传统的零售企业，还是新兴的零售企业，其盈利与运营的核心都在于上述三个渠道，不同的只是围绕着这个盈利渠道的转换与价值变现。然而新零售的发展让许多传统行业在互联网时代看到了发展的机会与前景，也改变了很多人的生活方式。

以铝合金门窗为例，经过多年的线下发展，其卖场与线下店的销售已经接近饱和。但在互联网家装盛行的背景下，铝合金门窗企业也在开始新零售的布局与试验。

新零售领域的资本多元化促使越来越多的公司开展多元化的业务，如今，阿里巴巴的商业版图早已突破了电商的边界，成为一家涵盖电商、媒体、娱乐、旅游、金融、云计算等众多业务的商业帝国。

二、零售业的三个特点和问题

相对于其他行业来说，零售行业有三个自身的特点：

首先，零售行业需要有雄厚的资金支持做背书，特别是对于传统的零售发展模式与线下零售商来说，前期的成本与资金投入都是非常巨大的。

其次，就是新零售的特征，也就是线上往线下的趋势。随着线上纯电商的流量红利逐步缩小，很多的互联网公司与电商公司将目标锁定到了线下。希望能将线上的流量资源与大数据等工具落地到线下，将消费者的消费场景升级，获得更多的利润增长点。

最后，就是零售行业在后端的并购同样具有巨大的资金需求，这也是零售行业想要发展与扩张必不可少的因素与环节。

所以与此对应，零售行业由这三个特点延伸而来存在着相应的问题：首先，零售业在前期发展中存在的初期创业高风险问题；其次，零售业的现金流与地产投资的问题；最后，零售业在后期的并购与发展过程中的平台支持与融资需求的问题。

这几大问题与特点是零售行业在未来战略布局和规划时需要重点考虑的因素与关键，在新零售的背景下也亦然。

毕竟，商业竞争本质上是对时间和空间的争夺，决定竞争力的关键指标是流量、转化率、客单价、复购率。零售行业有三点也是不会发生变化，即顾客喜欢低价的东西、喜欢送货速度更快、希望有更多的选择。

在零售企业进行新零售的发展与转型的过程中，考虑到目前的发展现状，对新零售的投资其实可以考虑将股权投资与债权投资这两类分开进行。要让多元化的资本来支持与促进新零售的发展，将资本进行分化并结合新零售的特点，可以让一类资本能够专门收购实体的房地产资源，从而避免丧失对成本控制的主动权。

股权方向的投资可以围绕着零售业的上下游产业链，用来投资与扶持一些新的业态与商业模式，主要从三个方面与阶段切入，即孵化、成长与成熟。

对于资本来说，新零售已然成为极具吸引力的一大风口。越来越多的新零售项目在资本的助力下不断涌现与落地，与智能商业、线上线下结合的电商以及移动社交营销等领域，都是投资的热门选择。

对于投资者来说，新零售无疑是未来一个规模和产值可以达到千亿元级别的大平台与机会，扎实的供应链、系统、数据能力是评判新零售项目的核心，尤其是要准确把握消费者不断变化的消费需求以及需要不断提高的供应链效率。只有拥有足够的现金与资本，企业才得以顺利地进行升级、开店与快速拓展，才能让项目与愿景真正落地。

三、青舍"花一分钟"的多元助力新零售

通过资本投资与注入来实现传统线下行业向新零售的转型，可以以一个典型的例子来说明，鲜花行业的新零售——青舍"花一分钟"。

一直以来，鲜花行业在我国的消费场景都十分有限，普遍都集中在会议、礼品赠送或者节日婚礼等场合。但伴随着我国消费者的消费观念不断更新以及新零售浪潮的来袭，鲜花市场在资本的助力之下迎来了快销化的转型，鲜花与互联网的结合模式不断创新。

例如，"日常鲜花的包月定制""鲜花电商"等，鲜花的零售模式、场景以及路径正在新零售的浪潮下开始发生改变。据相关资料显示，2016年我国鲜花行业达到了1200亿元的产值规模，在2017年实现了124.24亿元的销售额，在未来这一数字还会不断增长。

在新零售的浪潮下，鲜花行业的电商转型也有不小的困境与阻碍。对于不少希冀用O2O、B2B的纯电商而言，此番转型无一例外的都是在客户端与终端投入了大量资金而使投资周期延长。而线下的实体店则由于需要高昂的运营成本与投入，盈利空间也被大大压缩。

在这些痛点与不足的情况下，青舍"花一分钟"发现了机会与新零售的创新商业模型，多元化地打开鲜花市场与流通渠道。单纯链接线上的方式过于单一，故而要积极探索多样化的鲜花交易场景以及衍生价值。

由于对鲜花产品的运输以及保鲜要求相对较高，在整合上游供应商以及下游终端的基础之上进行实时的监控与反馈。此外，与银行之间进行金融合作与服务，打开自助售卖鲜花设备的供应链、服务链与支付链，形成一个开放共享的市场。

　　青舍"花一分钟"的出现就是资本在鲜花行业促进新零售转型与落地的重要体现，传统行业要积极运用多元化资本，为新零售的发展提供更多的支持与助力。

Chapter 8

新零售的对策

当前我国新零售的发展属于刚起步阶段，有许多优势，但也存在许多问题。面对各种问题，我们需要从技术手段出发，提高零售商品的质量，并努力提高服务层次和消费者的满意度。只有提高了消费者好的体验，才能提高消费质量。在提高商品质量的同时，我们还要降低商品成本，才能在新零售的过程中打通新的渠道。除此之外，还有最关键的一点，就是要紧跟国家关于新零售的政策。

国内新零售面临的问题

近年来，我国的新零售发展迅猛，但是不可否认其尚处于起步阶段，未来的发展面临着诸多问题，特别是与国外同行相比，国内零售业科技含量较低、线上线下融合难、成本控制等问题尤为突出。

一、线下零售商科技成色待加强

国内电商发展始终面临着线下企业科技力量不足的问题，主要表现为两个方面：一是线下企业销售数据的积累体量小；二是真正重视数据和做好数据采集的企业凤毛麟角。

由于缺乏互联网基因，这些线下企业无法快速地适应电商土壤，并且改革缓慢。在国内可以明显感觉到传统的线下商发展缓慢，线上发展和变化的速度明显快于线下，这种呆板、笨拙的商业模式急需改变，否则最终将会被新零售时代所淘汰。

我们可以从国内外的线上企业发展来判断国内线下企业的科技能力有多么弱势：

国外的企业翘楚当属亚马逊。亚马逊推出的 Amazon Go 线下购物模式一度成为社交平台的热门，在这里购物，顾客可以带上商品直接走人，不需要结账，甚至不需要排队，因为已经在线上支付了。这种与前沿科技相结合的新零售模式一出现就引爆了市场。

国内的线上企业也不比亚马逊差，尤其是阿里巴巴和京东等大型互联网企业。

阿里巴巴有云计算，它能够帮助企业精准地选择目标客户，并针对性地提供服务，使服务升值。

京东虽然没有云计算，但它有智慧供应链。这是建立在高科技基础上的数字化供应链，链条上包含大数据、人工智能等前沿科技，将这些科技与先进的零售供应链管理经验有机融合起来，以此实现人工系统向智能系统的过渡和转换，从而使物流服务效率大幅度提高。

我们可以对比发现，线下企业利用技术的深度和广度，与线上巨头相比，还远远不够，需要加强这方面的补充和完善才行。

二、线上线下面临融合问题

在国内，企业线上线下的融合发展过程并不那么顺畅。在过去近 10 年的发展中，传统零售业对电商的态度可谓几经转换。

2013 年以前，大多数线下实体店还不知电商为何物，它们只是依靠传统的零售经验做保守的销售。

2013 年到 2015 年，国内线下企业意识到电商的优势，于是开始走购物中心化的道路，并进军电商，以此向线上电商展开反击。

在 2015 年以后，传统零售业更加深刻认识到必须改革，与线上融合"触网"。对于线下企业来说，这短短的三年间，改革的过程可谓几经波折。

对于线上企业来讲，其优势是大数据与垄断优势，比如阿里巴巴和京东，在资本市场极具号召力，资源整合及利用的能力及其快速。相反，线下企业却各自为战，由于没有超强的商业战术，整合能力普遍较弱，其想在线上发展难度不小。

而对于一些传统零售企业来讲，对于线上线下融合还抱有怀疑或者观望的态度。比如天虹商场就与一些传统零售企业不同，它一直没有引进线上模式电商资金，而是自行搭建全渠道模式。其管理层认为，作为线下企业拥有一群稳定的客户，电商正是看重的这一点，与其出让线下顾客人群，还不如自行搭建全渠道模式。

有的线下企业家甚至认为，与互联网企业合作不利于线下发展。他们认为互联网企业创造了另一种数据垄断，与互联网企业合作，数据一定会跑到它那里，流量及大数据一定会被电商企业垄断。这些问题并不是空谈，在线上线下整合中，是普遍存在的事实。

三、成本控制是永远的挑战

在发展新零售的关键节点上，以用户体验为优势的线下传统商业和以科技为优势的线上电商都在卯足劲奔跑。为占得先机，线上线下各展神通，虽然方法不同，但都异曲同工：都把巨资用于拓展新领域、运用新技术、开发发展新业态等方面。

但这样一来，给无论是实体商还是电商，都带来很大的压力。要知道，投入巨资的背后是成本的相应提高，同时，对时间和人力成本都有所要求。况且新零售本来就是强调线上线下的融合，才能实现新零售商业模式。而这种融合又需要投入大量的人力和物力。

这两者之间的矛盾难以调和，从而给企业带来很大的压力。因为如果不投入人力物力，就难以实现新零售模式，但投入了人力和物力，成本又难以控制，就很难实现商业盈利。

对电商而言，发展新零售的成本挑战问题也是十分严峻的。电商企业认为，它们运用互联网技术对线下门店的智能化改造是一个难点。在各个环节都会有相对的困难及成本。在电商布局线下门店方面，线上是通过在线交互体验，而线下则需要大量的离线操作，POS 机和计算体系等数据需要保持同步，但这样一来，对整个系统和架构就是一个非常大的考验。

因此，对于大型零售商来说，最为重要的，就是压缩成本和简化流程。在国外，通常是供应商降低成本以满足零售商的需求。但国内却恰好相反，供应商一直处于强势，零售商想要通过供应商来降低成本是不现实的事情，只能在自身的成本压缩上下功夫。

商务部报告：《走进零售新时代——深度解读新零售》

零售业关系国计民生，是最贴近民生的商业形态、流通产业的主要行业，是推动消费转型升级的核心、吸纳就业的重要容器、拉动经济增长的主因子。

2016 年，全国社会消费品零售总额达 33.2 万亿元，比上年增长 10.4%，消费品市场稳居世界第二。其中，商品零售额达到 29.7 万亿元，与社会消费品零售总额增速持平，占社会消费品零售总额的比例为 89%。2016 年网上零售额达 5.16 万亿元，比上年增长 26.2%，规模稳居世界第一。其中，实物商品网上零售额 4.19 万亿元，比上年增长 25.6%，占社会消费品零售总额的比重为 12.6%，比上年提高 1.8 个百分点。全国零售业从业人员 5702 万人，比上年增长 4.8%，占流通产业比例为 33%。2013 年至

2016 年，社会消费品零售总额年均增速为 11.6%，高出同期国内生产总值名义年均增速 3.3 个百分点。消费在经济发展中充分发挥了"稳定器"和"压舱石"作用，其中，零售业发挥的作用功不可没。

近年来，零售业蓬勃发展，规模持续扩大，业态不断创新，网络零售快速发展。我国拥有 13 亿多的消费人口，如何推动零售业持续稳定健康发展是社会各界共同关心的课题。以阿里巴巴为代表的新零售模式开启了零售业的新征程，本报告将诠释新零售的内涵，阐述其特点，解析其重要意义，并提出促进新零售健康发展的对策建议，从而推动零售业在行业、产业、社会经济发展中做出更大贡献。

一、产生：双升驱动，应运而生

2016 年 10 月，马云在云栖大会第一次正式提出了"五新"战略——新零售、新金融、新制造、新技术、新能源。2016 年"双十一"，阿里巴巴集团 CEO 张勇首次系统地对新零售进行了阐述，他认为，新零售就是通过大数据和互联网重构"人、货、场"等商业要素而形成的一种新的商业业态。2017 年 4 月，马云在 IT 领袖峰会上再次提及新零售，并对新零售进行了比较详细的阐述。他谈到，线下与线上零售深度结合，再加智慧物流，服务商利用大数据、云计算等创新技术，构成未来新零售的概念。在此基础之上，众多学者和经营者对于新零售的概念和含义进行了讨论和解读，对新零售研究风生水起。新零售的产生，有其特定的背景基础——"双升"驱动，在技术升级与消费升级驱动下，新零售应运而生。

1. 技术升级为新零售提供发动机

云（云计算、大数据）、网（互联网、物联网）、端（PC 终端、移动终端、智能穿戴、传感器等）构建起"互联网 +"下的新社会基础设施，为新零售准备了必要的条件。

一直以来，零售商依赖于数据塑造与顾客之间的互动，通过信息技术推动商业向顾客深度参与的方向发展。最初阶段，POS 系统引入店铺，获得基础数据，并在此基础之上发展会员制度。第二阶段，利用互联网的发展，通过移动端和社交媒体获取有效的消费者信息。第三阶段，伴随近场感应终端、应用场景定位、虚拟试衣镜、传感器、大数据、移动终端等技术，完善商户线下应用场景，实现设备与人之间的实时互联。第四阶段，通过远程无线技术（LoRT）搭建物联网，并通过物联网将信息实时传输给有关系统和终端用户，使得无论消费者身在何处，都处于智能设备访问范围之中，从而使得零售商能够从互联的零售系统和设备之中采集数据，并通过智能系统驱动优化操作。

我国目前的零售业发展正在跨过第二阶段，很多企业进入第三阶段：通过场景服务运营商提供整套"互联网 +"的解决方案，实现 Wi-Fi 覆盖和 i-Beacon 应用进行场景定位，并通过近场感应终端、传感器等技术，实现对消费者购物轨迹的全流程追踪。伴随着物联网技术的成熟以及在零售领域的应用，零售业对技术的应用将进入第四阶段，即"物联网 + 零售"，零售行业的服务边界进一步扩展。以天猫为代表的新零售平台，通过其云计算、大数据、人工智能等互联网底层技术能力，链接品牌商、供应商、分销商、服务商等零售业生态伙伴，向着自助化、智能化发展，形成全新的商业基础设施，全面赋能合作伙伴，与消费者产生全新的链接和互动。

技术发展为新零售产生提供了土壤，新零售沿着如上轨迹产生、发展、成熟。

2. 消费升级为新零售增强牵引力

居民消费购买力日益攀升，消费主体个性化需求特征明显，消费主权时代到来，对商品与消费的适配度提出了更高的要求，同时对零售升级产生了巨大的牵引力。

消费购买力提升。收入是影响消费的主要变量，居民收入水平变动直接影响着居民消费倾向和消费结构的变化。经济水平发展到一定阶段，居民收入水平的提高、大量新兴消费品和服务的不断涌现，会促使居民消费倾向提高。

相关研究表明，当人均 GDP 达到 1000 美元之后，居民消费率开始上升，消费对经济增长的作用不断增强；当人均 GDP 超过 3000 美元之后，由于居民收入水平提高为消费结构升级创造了购买力条件，休闲消费、品质消费等进入大众化阶段；当人均 GDP 超过 5000 美元时，消费升级速度加快。近几年，我国经济快速发展，2008 年、2011 年和 2015 年，我国人均 GDP 分别达到了 3000 美元、5000 美元和 8000 美元以上，与此对应，我国消费结构进入了快速升级阶段。

消费主体更加个性化。目前，18 ~ 35 岁的新生代和上层中产及富裕阶层构成了我国的消费主体。他们更加注重商品和服务的品质、品牌，以及生活质量与效率。消费的档次被拉开，消费的"羊群效应"逐渐消失，排浪式消费基本宣告终结。与之相对应，个性化、多样化消费需求大规模兴起，渐成主流。消费者更加看重商品的个性特征，以期展示自我，而不只限于满足对物的需求。

个性化消费需求有三个特点：一是注重心理满足，追求个性、情趣；二是强调商品或劳务内在的质的要求，如商品的时尚性、独特性和安全性；三是关注消费的文化内涵，如商品的欣赏价值、艺术价值和文化特质等。多样化消费需求主要体现在两方面：一是不同个体表现出越来越多样的消费需求；二是同一个体在不同生活场景或领域的消费需求可能存在较大差异。总体上，其特点可概括为"广泛性、个体性、情感性、多样性、差异性、易变形和关联性"。

二、内涵：内核未变，多维创新

零售是一种直接面对消费者的商品交易方式，基于解决交换双方的"双向契合"困境而产生。即零售商介入买卖之间的迂回交换，使交易双方消除了在产品、时间、地点、数量等方面的"欲望双重一致性困境"，同时降低了流通费用，提高了流通效率，以更大优势满足了消费者的需求。

1. 新零售保持了交易内核

新零售的本质内涵并未改变，依然是充当了商业中介，促进交易的"双向契合"，其根本目的是更有效率地解决供需困境，更有效率地实现交易，更大程度地满足消费需求，提供更好的产品、有竞争力的价格、优质的服务。阿里巴巴研究院提出的新零售的特征——以人为本，无限逼近消费者内心；企业内部与企业间流通损耗无限逼近于"零"，重塑价值链——概括起来就是满足需求、降低成本。

2. 新零售导入了多维创新

商品交易涉及商品交易的主体、客体、载体以及商业关系等内容，对应到零售交易中是：零售活动的参与主体，零售活动的产出，零售活动的基础设施，零售组织与上游供应商、下游消费者、行业内竞争者之间的关系。传统零售行业中乃至传统电商中的创新主要表现为由零售技术和需求变革共同驱动的业态创新，这种创新只是针对某个方面的创新和变革。而新零售的"新"表现在由技术变革和需求变革共同驱动的对零售业全要素、多维度、系统化的创新与变革，新零售实现了交易活动中的商业关系、利益关系、组织方式、经营形态、零售产出以及经营理念等多方面的变革。

新零售革新的内容在不同的阶段会呈现出不同的表现形式，例如，当前表现为数据驱动，未来可能是人工智能主导；当前表现为跨界，未来更多的是表现为无界；当前为了满足消费者体验需求，未来可能会满足消费者其他的心理需求。零售业革新速度之快，让我们对新零售无法下具体的定义，只能给出一个泛化的概念，即新零售是以消费者为核心，以提升效率、降低成本为目的，以技术创新为驱动，要素全面革新进化的商品交易方式。

三、特点："五新"引领，进化零售

结合新零售的理论内涵以及创新实践，我们总结出新零售区别于传统零售的"五新"特点。

1. 零售主体的新角色

在新零售模式下，"组织者"和"服务者"成为零售主体的新角色。传统零售活动中，零售商的角色就是专业化的商品交换媒介，从事的是面向消费者的商品转卖活动——零售商向上游供应商（品牌商或经销商）采购商品，向下游消费者销售商品，零售商赚取中间差价。尽管一些零售商完成触网，利用互联网采销商品，但并没有改变其作为传统零售的本质特征。

这种情况下，零售商是商品的经销者，是整条产业链中的终端商业中介。在我国零售业的发展过程中，零售商商业中介的经销职能有部分被弱化，零售商不具备经营能力，而成为品牌商与消费者进行交易的平台或通道，典型的如联营模式下的购物中心和百货店。此时，零售商为供应商和消费者的直接接触提供平台，零售商向供应商收取相应的费用。

在新零售情境下，零售主体在商品交易活动中的角色产生了变化。天猫这样的新零售平台不仅仅以中间商或者平台的角色出现，而成了整条产业链中商品交易活动和商务关系的组织者和服务者。对于下游消费者，新零售平台走进消费者的生活方式，了解消费者的潜在需求，为消费者提供满足需求的商品和一系列商业服务的组合，成为消费者的组织者和采购者。对于上游供应商，天猫等新零售利用自身在终端掌握的大数据资源，为供应商提供精准的消费者需求信息，从而走进供应商的价值链，为供应商的生产研发活动和市场推广活动提供服务和帮助，成为上游供应商的服务者。

因此，在新零售情境下，组织商品交易的顺利完成只是零售主体的部分角色，零售主体"组织者"更在于成为消费者大数据资源的开发者，并利用自身强大的大数据分析处理能力和计算能力，为产业活动的参与者提供一体化的服务。可以说，成为产业链活动的"组织者"和"服务者"是新零售赋予零售商的新角色。

2. 零售产出的新内容

在新零售模式下，零售商的产出具有新的内容，建立持续互动"零售商——消费者"关系，强化多场景购物体验，提供消费数据服务。

零售组织的经济职能在于为消费者提供显性的商品和隐性的服务，"商品＋服务"的组合共同构成了零售产出。在传统零售活动中，易围绕着"商品"展开，零售商的经营活动以"商品"为核心，并通过低买高卖攫取中间利润。在新零售情境下，零售产出的内容更加丰富、更加新颖。

首先，零售商的分销服务成为零售产出的核心内容，由商品的销售者转变为"商品和服务"的提供者。新零售更加关注消费者的体验，零售活动不再是简单的"商品——货币"关系，而是持续互动的"零售商——消费者"关系。

其次，线上、线下的全渠道融合为零售产出的"分销服务"增加了新的内容。譬如在环境服务、交付服务、品类服务等方面，天猫新零售通过商品数字化、会员数字化、卖场数字化等方式构建起以大数据分析支撑的线上、线下融合的购物"新城"。新零售平台将上述数据与上游供应商进行共享，为供应商提供消费者的需求画像，帮助供应商进行按需定制和更为精准的市场营销活动场景，强化了消费者全渠道、多场景的购物体验。

最后，为上游供应商提供消费者画像的数据服务成为零售产出的新内容。传统零售产出只针对下游消费者，而新零售的零售产出则是针对完整商品交易活动的全部参与者。基于对终端大数据的分析，新零售平台可以掌握消费者的各种场景数据，实现消费者生活场景的还原以及消费者画像的形成。新零售平台将上述数据与上游供应商进行共享，为供应商提供消费者的需求画像，帮助供应商进行按需定制和更为精准的市场营销活动。

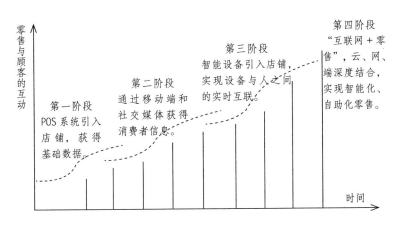

零售与技术结合的发展阶段

3. 零售组织的新形态

在新零售中出现了复合型、集合型、满足即时购买需求的经营形态。

零售业态的本质是零售组织的经营形态。对于构成零售经营形态的商品、服务、环境等内容不断地进行边际调整，就形成了零售业态的持续演进和变革。在新零售模式下，构成零售业态的各要素均实现了数字化的变革，这本身就推动了原有零售业态的转型和创新；而零售商通过大数据分析更加清晰了解消费者的需求痛点，并以此为核心对构成零售业态的各要素再次进行边际调整，从而形成了新的零售组织经营形态。新零售以更加精准、全面的消费者需求信息为基础进行零售经营要素的调整，形成了多样性、多内容、多触达点和多维度的具有复合型商业特点的新型零售经营形态。盒马鲜生的组织经营形态不是以商品的组织为出发点，而是以消费者的具体需求为逻辑起点，零售经营各要素的调整也是围绕该需求主题展开的。这使得零售商经营形态的创新具备了更多可能性和可塑性，由此形成的零售经营形态就不同于传统零售中的零售业态，而是复合型、集成型、满足即时购买需求的经营形态。

4. 零售活动的新关系

新零售活动中的商业关系是供需一体化的社群关系。

传统零售活动中，零售活动涉及的各商业主体之间的关系都简化为"商品——货币"的交易关系，这种交易关系的背后是产业链上各产业主体之间利益关系的对立。在传统零售下，零供关系是冲突的、相互博弈的；零售商与消费者的关系是独立的、单一的商品交易关系；整条供应链是由生产端至销售端层层推压的推式供应链在新零售模式下，零售商为供应商进行赋能，零供关系成为了彼此信任、互利共赢的合作关系；零售商将商业的触角进一步延伸至消费者的需求链，与消费者实现了深度的互动和交流，零售商成为消费者新生活方式的服务者和市场需求的采购者，成为消费者的"代言人"，零售商与消费者之间形成了深度互动的社群关系；供应链转变为以消费者需求为初始点的"拉式"供应链模式。由此，在新零售中，商业关系被重新构建，"商品——货币"关系转变为其背后的人与人之间的关系，供给与需求被重新打通，各主体之间形成了以信任为基础的供需一体化的社群关系。

5. 零售经营的新理念

新零售重构商业主体的价值排序，为消费者创造价值成为零售经营的出发点。

零售经营的理念与市场供求关系相关。在供不应求时代，生产商主导商品流通渠道，零售经营的关键在于取得上游的供货资源。大规模生产方式的发展催生了大规模的商业销售，供求关系出现逆转，商品流通进入"渠道为王"的时代。零售经营的关键在于快速扩张实现规模化竞争，经营的理念在于强化零售的资本投入，实现规模经济。在前两个时代，"经济原则"和"效率原则"成为零售经营理念的核心内容。伴随市场供求关系的进一步发展，供求关系进一步重构，消费者逐渐掌握市场主权，满足消费者异质性的需求成为生产活动和商业活动的出发点。新零售就是适应消费者主权时代的新理念、新模式。新零售的出发点是消费者的需求，新零售技术的应用、零售要素的调整和变革都是为了更好地了解消费者的生活方式，从而更精准地满足消费者需求，为消费者不断创造价值。在新零售模式下，商业主体的价值排序实现了重构，满足消费者需求成为了全部商业活动的价值起点，为消费者创造价值的"人本原则"成为新零售经营理念的基础。

四、意义：引领变革，践行政策

新零售引领了流通革命，触发了全产业链的变革，促进了消费转型升级，为社会经济发展做出积极贡献，在践行供给侧结构性改革、"互联网＋流通"行动计划、实体零售转型升级等国家政策方面进行了积极有益的探索。

1. 引领流通革命

新零售重构了流通体系，催生了全新的商业模式，有效提升了流通效率，降低了流通业成本，充当了流通革命的先行者。

（1）变革商品流通体系

传统的商品流通需要经历"生产商——一级批发商——二级批发商——三级批发商——零售商"的纵向、多环节的商品流通体系，新零售提升了商品流通环节效率，实现了"品牌商——经销商——零售商——消费者"甚至"品牌商——零售商——消费者"的新型商品流通体系。阿里巴巴的"零售通"和"农村淘宝"重塑了二至四线城市甚至到六线城市小零售商和农村地区零售商的商品流通体系。

以零售通为例，基于阿里巴巴的云平台运营能力，"零售通"将品牌商、经销商和小零售商在平台上组织起来进行交易，帮助经销商和小零售商掌握互联网工具，省去了传统商品流通渠道中层层交易的中间环节，降低了品牌商布局垂直网络渠道的高额成本，同时为小型零售商提供了更好的品牌供应渠道。传统便利店、"夫妻店"通过阿里巴巴"零售通"等平台改造升级后，经营品类更丰富、场所更整洁、商品更安全、成本更降低、人气更火爆。

（2）催生新型商业模式

新零售以数字化为基础、以消费者需求为核心，推动了商业要素的重构，加速了零售经营模式和商业模式的创新。阿里巴巴和银泰商业集团的合作是传统零售转型新零售的典型尝试，基于阿里巴巴的云服务体系，银泰实现了商品数字化、卖场数字化、会员数字化、供应链数字化以及组织管理数字化的全面数字化转型。线上渠道与线下渠道被打通，银泰实现了对消费者的全渠道接触和全渠道的整合营销。此外，天猫与卡西欧合作的"智慧门店"，天猫与线上家居品牌商合作的"生活选集"等，都是新零售思路下的新型商业模式和业态模式的典型代表。

（3）有效提升流通效率

新零售减少了供需双方的信息不对称性，降低了经济组织的各种成本，有效提升效率。

对于消费者来说，新零售打通了线上渠道和线下渠道，购物场景多元化，从而极大降低了消费者的搜寻成本和时间成本。例如，天猫与卡西欧合作的"智慧门店"项目，通过天猫布设的云显示屏在银泰卖场的运用，卡西欧实现了在有限空间为消费者提供全部货品的展示，极大降低了消费者的商品搜寻成本，促进了卡西欧专柜的月营业额提升了近1倍。盒马鲜生数据驱动线上线下一体化模式，极大地提升了门店坪效，坪效是传统零售门店的3~5倍。以盒马鲜生首家店上海金桥店为例，2016年金桥店坪效为5.6万元/平方米，而传统零售平均为1.5万元/平方米。对于生产商来说，新零售使得生产商和零售商实现了信息资源的共享。品牌商根据零售商提供的消费者数据分析实现精准营销，提高企业的经营效率，有效降低了品牌商进行市场调研、搜寻需求信息以及市场营销的成本。

对于整个商品流通体系来说，新零售极大提升了流通环节效率，大大降低了原有流通渠道中的交易成本，新兴物流技术极大节省了传统的物流费用。根据阿里巴巴提供的数据，菜鸟网络推出大数据智能算法来分配订单路由，实现快递公司包裹与网点的精准匹配，准确率达98%以上，分拣效率提高50%以上；2015年，依托菜鸟网络进行的快递节点优化，包裹量增加且平均用时减少的线路占比高达73.5%，极大促进了整体商业效率的提升。

对比历年天猫"双十一"物流效率可以看到，发送1亿件包裹的时间，2013年用了两天，2014年只用了24个小时，到2015年提速到16个小时。

可以说，新零售通过"双十一"这样的压力测试，找准了症结，找到了痛点，打通了物流环节中的梗阻，为整体商业流通效率提升起到了巨大推进作用。

2. 构建和谐生态

在整个商业生态中，零售商充当润滑剂和黏合剂的角色，既润滑了供应商与零售商的关系，又粘紧了零售商与消费者的关系，从而创造了新商业机会。

（1）零售商为供应商赋能

在新零售模式下，零售商成为了供应商的赋能者，厂商关系由传统零售中的对立、冲突关系转变为新零售业态下深度合作、互利共赢的和谐关系。

通过消费者大数据赋能。新零售平台为供应商提供消费者数据画像及需求信息分析结果，供应商更加清晰了解目标市场的需求特征和偏好特征，从而缩短了新商品的研发周期，提高了生产计划合理性以及产品适销性。

例如，天猫与某化妆品牌进行深度合作，天猫通过分析大数据形成消费者画像，某品牌利用该消费者画像的数据反哺其研发环节，缩短了产品研发的周期。根据天猫提供的数据，通过天猫大数据和新零售开发的某新品，其新产品研发全过程从原来的 18 个月缩短到 9 个月（其中 8 个月是制造环节），原本 10 个月的市场调研、潜客挖掘、市场评估的活动，由于天猫大数据赋能，流程缩短为一个月的时间。

通过全渠道融合赋能。新零售打通了线上、线下资源，实现了全渠道融合，新零售平台利用终端优势帮助生产商进行市场推广和终端营销，助力品牌商成长。例如，银泰百货建立众多线上品牌集合的精品买手店"生活选集"，通过打通实体店和天猫银泰百货旗舰店以及品牌旗舰店的价格和库存，实现了线上、线下同款同价。"生活选集"帮助线上品牌开拓线下渠道，实现了全域销售；同时，消费者对线上品牌具有更强的体验感，从而增加了线上品牌粉丝的购买转化率。

（2）零售商与消费者粘合

在传统零售活动中，零售商与消费者之间是简单的商品交易关系；在新零售下，零售商与消费者触点增多、触面增大，建立更加紧密的情感链接，最终带来消费者获得感提升。

零售商延伸触点进入消费者的需求链。通过大数据，新零售平台更精准地还原了消费者的消费图谱，实现了对消费者需求的深度挖掘，走进了消费者的生活方式。新零售平台根据消费者的需求提供相应的增值服务，并将需求信息反馈给生产厂商，使得市场能够及时提供满足消费需求的产品和服务。由此，零售商成了消费者的采购者、服务者和需求代言人，零售商与消费者形成了一体化的紧密联系。

全域营销与全渠道流通增强了消费者的黏性。新零售依托零售平台商实现了线上、线下、移动端以及各种终端的全面打通和融合，从而为品牌商、零售商、分销商、服务商在平台上进行全渠道的整合营销传播提供了可能。全渠道融合增加了品牌商、零售商与消费者的接触点和接触机会，打破了时间和空间的约束，品牌商、零售商与消费者之间的重复接触和持续接触成为了可能。在天猫6·18购物节期间开设了"新零售体验馆"，打通品牌线上线下的会员体系，与SK-2等美妆品牌商合作。品牌专业美容顾问为线上消费者提供可视化咨询服务，通过虚拟现实技术（VR）给线上消费者动态彩妆试用体验，让会员享受线上线下一致的服务。跨越空间，持续与美容顾问互动，增强消费者黏性。

3. 引发生产变革

新零售推动了生产的民主（Democracy of Production）进程，设计个性化、生产定制化。

（1）"拉式"供应链确立

传统零售活动是由生产商、供应商推动的"推式"供应链，在"推式"供应链模式下，生产商根据市场调研和经验分析进行商品的开发和生产，制定相应目标决策，并将目标逐层推向下游的企业和零售商。这会导致供需分离，库存层层积压，生产者对于市场需求的反应能力十分落后。新零售重构了零售主体的价值排序，使得供应链活动转变为以消费者需求拉动的"拉式"供应链。在"拉式"供应链下，零售商首先根据对消费者大数据的分析还原消费者的生活场景和消费场景，挖掘消费者的需求特征和偏好特征，并将上述数据提供给上游品牌商和供应商。品牌商根据零售商提供的精准、清晰的消费者需求信息进行研发和生产活动，并安排合理的生产计划。由此，形成了需求导向的供应链模式，消费者需求成为供应链活动的第一步。

"推式"供应链和"拉式"供应链对比

（2）实现按需生产

新零售通过消费数据挖掘，实现消费洞察，对传统制造业进行反向定制，"按需生产"的生产方式成为了可能。新零售克服了传统商业模式下的供需脱节、供需分离的弊端，供给和需求被打通，企业建立起自己的目标消费群体，根据目标消费群体的精准需求信息组织生产活动，生产企业真正地实现了市场洞察。

以天猫和某家电品牌的合作为例。天猫根据对消费者大数据的分析和计算形成了对洗衣机市场需求的预测，指导该企业跨过 9 升洗衣机而直接生产 10 升的洗衣机产品，直接引领了市场趋势，获得了巨大的成功。以此帮助制造商实现精准"按需生产"，解决了电器产品中最严重的库存积压问题，使得生产企业实现了产销对路。

（3）发展柔性定制

新零售推动了社会生产方式由大规模生产的福特制生产方式向柔性、灵活生产的后福特制生产方式变革，推动了社会生产方式向精益化、柔性化和规模化定制的方向转变。由于消费者需求日益个性化和异质化，大规模标准化的生产方式无法满足要求，生产方式逐渐朝着柔性化、定制化和灵活化的方向发展，加速进入了后福特制生产方式。

以天猫和五芳斋、奥利奥的合作为例。天猫在端午节推出了定制化的五芳斋粽子，消费者在天猫平台下单，根据个人喜好自由定制粽子的口味和风格，个性化程度完全取决于消费者偏好。根据消费者需求定制的粽子组合多种多样，这完全重构了传统食品的生产制造流程，实现了标准产品的非标化定制。

天猫平台与奥利奥品牌合作，利用前者的消费者洞察，奥利奥将天猫平台上的交易流程改造开放，推出个性化定制活动，让消费者可以自己涂色、填色，参与产品的订制环节，满足不同消费者的个性化需求。在活动的 3 天内，累计销售 4 万份定制款奥利奥，销售额接近 600 万元。

4. 促进消费升级

零售行业的发展与社会消费需求的变革呈现出"你中有我、我中有你"的互拉、互促、相互影响、螺旋式上升的规律。新零售的发展推动了居民消费理念、消费方式、消费结构、消费档次等全方位的更新升级。

（1）升级消费体验

新零售给予消费者极致的体验，消费者购物从物质的满足上升为心理的满足。盒马鲜生不是超市、不是便利店、不是餐饮店，也不是菜市场，但却具备包括上述业态在内的所有功能，是"超市＋餐饮＋便利店＋菜市场＋电商＋物流"的复合功能体。利用线上线下与现代物流技术的完美融合，给消费者带来生鲜商品 3 千米半径、最快 30 分钟免费快递到家的极致服务体验。消费者为了享受盒马鲜生的服务，"盒区房"概念横空出世。

（2）优化消费结构

新零售为消费者提供了全渠道融合的多场景、多种方式的购物体验，极大丰富了零售供给中的服务内容，促进居民消费结构由商品消费向服务消费转型。天猫与银泰合作，把传统百货从"坐商"变成"行商"，推动实体商业转型升级，创新实体经济发展。其合作推出的逛街神器"喵街"，这款产品对所有商业实体开放，能够基于位置信息向顾客提供吃喝玩乐一站式服务，如导购、促销、停车等，帮助实体商家更好地服务顾客。银泰的会员与天猫打通，对消费者可触达、可识别、可运营，为向顾客提供精准服务创造了更好的基础条件。可以看到，以天猫为代表的新零售平台创造了面向未来的新商业基础设施。

（3）拓宽消费选择

新零售丰富了消费者购买商品和接受服务的渠道选择，消费者对于高档商品和服务的需求得以满足，促进了消费回流。例如，天猫国际、银泰等开辟了国内消费者购买国外商品的多域渠道，满足了国内消费对于高档商品和服务的需求。新零售的发展更提升了消费者跨境购物体验。

2017年5月，天猫国际在日本率先启动"全球原产地溯源计划"，实现每个进口商品都有一张记录着前世今生的"身份证"，以此确保消费者在国内也买得放心。根据彭博社的研究，2017年成为中国海外消费回流的拐点，其中天猫国际等跨境电商平台发挥了重要作用。根据天猫提供的数据，2016年天猫国际市场规模在国内跨境电商平台中持续排名第一，累计服务消费者人数超过4000万，超过2016年中国出境游人数的三分之一。

5. 推动经济发展

新零售为社会经济发展做出了积极贡献，纳税总额不断增加，吸纳就业能力增强，创新动力持续加大，同时，加速了我国零售业的国际化进程。

（1）创造经济新动能

新零售的发展，本质是通过平台型企业带动作用，让大数据和互联网技术应用于商业，优化生产制造，降低交易成本，提升消费潜力，从而带动整个经济动能的提升。纳税额的逐年增多是新经济动能的生动体现。以阿里巴巴为例，其纳税额从2012年日均1000万元，到2013年日均2000

万元，发展到 2016 年日均 1 个亿，5 年间增长 10 倍。

依托天猫新零售平台发展起来的商家，也创造了大量的税收。据统计，在许多地方，前 20 纳税大户里面有很多是天猫商家。以天猫新零售的典型代表品牌"三只松鼠"为例，该品牌于 2012 年在天猫开始孵化，2013 ~ 2016 年的税收贡献分别为 12 万、600 万、4300 万和 1.5 亿，已经成为当地的纳税大户。目前，有近百家在天猫平台上积极拥抱新零售的商家筹备 IPO（首次公开募股）。

另外，新零售上游的制造商、品牌商，在平台渠道终端零售商的带动下，产值和税源呈现加倍增长态势。据统计，在货物生产、批发、零售各环节中，零售环节的产值贡献约为 11%，还有 89% 左右的产值贡献在生产和批发环节。这也意味着：通过新网络零售平台每拉动 100 元的销售额，将拉动 89 元的生产和批发产值。据估计，天猫新零售平台带来上游制造业税收增长近 1800 亿元。

（2）提升就业容纳能力

新零售提供了新的工具（云计算、移动互联网）和新的市场能源（数据），也就带来了新的市场机会，有助于推动创新创业活动。新零售让商品生产者，经销者和消费者实现了多接触点的交互和沟通，潜在的消费者需求被不断挖掘和分析，这就意味着市场拥有了更多的商机，也意味着"大众创新、万众创业"具备了快速发展的市场土壤，从而使新零售可以创造更多新的工作岗位。例如，"云客服"就是新零售产生的新工作岗位。"云客服"是针对灵活职业者，工作地不受地点和时间的限制，主要工作就是通过在线沟通，对天猫新零售平台用户提供服务。

可见，新零售中全渠道资源的打通使得人与零售商的接触机会变多，也使人与各种资源接触的机会增多，打破了时间和空间的限制，不断催生新的工作岗位。据统计，目前在阿里巴巴新零售平台内，仅内容电商从业者已经超过 100 万人；另外还有电商主播、"淘女郎"、设计师、数据标签工、数据清洗、数据采集、拣货员等成千上万的新型就业岗位被创造出来。

新零售推动品牌商的快速成长、推动物流等相关行业的快速发展，从而间接推动生产领域和其他服务行业就业机会的增加。根据阿里巴巴研究院与中国人民大学在 2016 年共同发布的就业报告，2015 年，阿里巴巴零售平台产生了直接就业 1100 万人，带动相关就业 1900 万人，直接和间接带动的就业总计近 3000 万人。

（3）全面增强，创新动力

新零售实现的基础在于新技术的运用。大数据与云计算共同推动了零售行业市场效率的提升，加快了零售行业自身的创新步伐；同时，新零售促进了生产商研发创新周期的缩短，加速推进了相关行业生产效率的提升和生产工艺的创新改进。伴随着技术创新效应从产业内向产业外的不断溢出，越来越多行业会吸收并运用这些新的技术。由此，新技术与其他产业相融合，有效提升其他行业的创新行为，从而推动市场整体创新能力的提升。

（4）加速零售国际化进程

新零售核心是传统零售商走到线上，传统电商走到线下，线上线下相融合。这一交融发展为商业活动提供了新通路和新渠道，这不仅仅针对国内市场，也包括企业在国外市场。新零售下的跨境平台为国际贸易提供了新的渠道和一体化的服务方案，这有助于国有品牌走出国门、走向世界，有助于我国实现更高水平的对外开放。

2018 年 6 月天猫宣布帮助国货品牌集体出海，将利用阿里巴巴核心电商板块 20 亿商品库，依托过去十几年打造的涵盖交易、支付、物流、营销、数据、技术等方面的新商业基础设施，将天猫生态模式逐步复制并落地到东南亚、印度以及 200 多个国家和地区，提高当地电商效率，服务海外消费者。如波司登品牌通过天猫的"一店卖全球"成功进入国际市场。在天猫与波司登的合作中，由天猫帮助波司登将商品销售到澳大利亚，波司登品牌在国外的营销和推广活动全部由天猫承担。这极大地节省了国产品牌商在国外开店面临的大量成本，加速了国产品牌"走出去"的步伐。

五、建议：创新不止，行稳致远

新零售引领了流通革命，带动了全产业链的变革，促进了消费转型升级，为社会经济发展做出积极贡献，在践行供给侧结构性改革、"互联网＋流通"行动计划、实体零售转型升级等国家政策方面进行了积极有益的探索。

新零售是我国零售业多年创新积累后降生的新生命，其着眼点是全球商业在互联网和大数据时代的未来图谱。在天猫等电商平台带动下，经历了一段时间的快速成长，目前已初具全球竞争优势。未来要小心呵护，保障其健康成长，在前进的道路上走得更稳、更远。

1. 释放大数据潜在能量

当前，数字经济已经成为新的经济形态，大数据为社会流通效率提升和消费结构优化提供了新的动力。随着零售业网络信息技术的快速发展，数字化的知识和信息已经成为推动零售业转型升级的重要生产要素。但对于我国的零售行业，特别是线下传统零售行业，大数据分析还处于刚刚起步的阶段。如何通过大数据分析，解析消费热点、把握消费趋势，提升对消费者的洞察力，有针对性地指导生产企业进行产品研发、优化生产模式及产品投放，改善用户消费体验，将是下一步零售业需要大力研究和实践的问题。

天猫等互联网领军品牌作为在大数据领域的先行者，应充分利用新零售打通线上线下数据链的技术优势，加大数据产品的研究与开发力度，加强与政府部门和行业龙头企业的数据互联互通，通过大数据分析和挖掘，做好消费预测和洞察，推动我国零售业更快地适应数字经济发展；通过和传统零售企业的合作和数据化赋能，推动我国供应链体系的整体优化，从零售这一环节推动供给侧结构性改革，为提高流通效率、推动产业创新提供基础支撑。同时，发挥龙头企业的引领作用，在规范零供企业信息标准、促进企业之间的信息共享、实现信息的准确与统一等方面加强研究，完善规则，全面促进全产业链商务协同。

2. 构建商业治理新体系

新零售将有效打通线上线下数据，商品流通各环节数据得以有效融合，大数据分析在极大降低商品交易成本的同时，可全面分析掌握货品的流通情况，为商业治理提供了数据基础。建立电子商务信用体系，加强对生产者、经营者的调查和事前、事中、事后的风险控制，不仅有利于降低企业经营风险，也有利于信用体系建设在我国快速推进。

建议电子商务平台领军企业不断提升大数据打假的技术能力，构建商品的逆向追溯体系，充分利用技术手段治理货品流通秩序，推动完善以信用体系为核心的市场自律机制和社会共治体系建设。建立产品质量信息共享联盟，构建产品质量信息互联互通平台，完善信息共享和协查的机制，打通违法失信企业"黑名单"传递路径，建立制度化的长效合作机制，及时向政府部门和线上线下零售企业发布预警信息，使得存在制假售假违规现象的企业无处遁形。

同时，针对消费者消费行为提升大数据分析能力，积极引导消费者使用电子支付手段，帮助消费者转变传统消费观念，逐渐将信用消费行为演化为习惯，不断提高人们的诚信意识，继而推进社会诚信机制的日益完善。

3. 补足农产品上行短板

线上线下深度融合的新零售模式，为上联生产、下联消费的新型农产品供应链体系建设提供了思路和解决办法。随着物联网技术的逐步成熟，智能物流体系的迭代更新，大数据应用的日益广泛，农产品供应链条将实现重组。

农产品消费的大数据分析，有助于改变农业生产的随机性、盲目性，从而推动农业生产朝着标准化、绿色生态的方向迈进，促进传统农业生产模式变革。建议平台企业加大新技术新模式的研究，在农产品上行的资源对接中，充分体现新零售的力量，帮助农产品流通对接数字经济，为农产品流通供给侧结构性改革提供新动能，使农产品的生产者和消费者成为最大受益者，使电商扶贫更精准。同时，以新零售发展理念，依托线上企业的货源信息、专业人才优势，帮助生鲜农产品的传统线下企业加快实现"触网"转型，利用本地化、近距离货源，为消费者提供高效便捷的配送服务，推动农产品流通商业模式创新。

4. 助力中国企业走出去

当前，"一带一路"已经从中国的倡议变成了全球共识。"一带一路"战略的实施，为中国产品和流通企业"走出去"提供了前所未有的历史机遇。我国外贸发展靠拼规模、拼成本支撑高速发展的阶段已经过去，只有利用大数据分析，推动企业数字化改造，实现"互联网+"进出口贸易，才是现阶段我国企业外向型发展的必由之路。

中国企业"走出去"需要把握国外需求，做好消费习惯、产品需求等多维度分析，跨境电商的数据积累为这一分析提供了数据支撑。建议以阿里巴巴为代表的电子商务龙头企业，进一步加强国外消费信息的收集、清洗、整合，强化境外消费需求分析，开展实时动态监控，为行业管理部门宏观决策，帮助中国产品和流通企业走出去，提供多元化、个性化、可视化的大数据产品和服务。

站在新零售风口，用互联网科技助推商业梦想

正如阿里巴巴创始人马云所描述的那样，新零售是一个全新的商业模式，在新零售时代，我们原有的商业模式和发展逻辑将有可能得到重构，并建构起一个全新的存在。作为一种新生物种，新零售将为各企业提供发展势能。

新零售商业模式将为各行业在互联网时代的融合和发展带来新机遇。在这个新机遇中，人们率先迎来的是 S2B 模式。它标志着电商时代的来临，其创造了整个互联网时代的辉煌，而 S2B 模式则标志着新零售时代的来临。

当下，很多的企业都在摸索 S2B 模式上，并在此基础上寻找和摸索一条全新的发展思路。S2B 模式的本质，就在于它能够重构商业模式。通过这种模式，供求两端将直接有效地对接。作为创造出 S2B 商业模式的

新零售来说，它不仅是互联网时代的开拓，更是对互联网商业模式的重新
梳理。这种梳理能给处于瓶颈的电商企业以及处于萧条销售模式的传统企
业带来新的机遇。

一、发展的首要是认清新零售发展趋势

在当下新零售快速变革发展的当口，认清其发展趋势是进军此市场的
首要工作，那么新零售在我国现阶段经济背景下都有如下发展趋势：

（1）电商经历前期的野蛮生长后，已经遇到流量与体验缺失双瓶颈，
线上红利在逐步的消失，正是在此背景下，新零售开始出现。

（2）新生代已经成为国内新的消费主力军，其消费特征鲜明，追求
个性、习惯把握消费主权，追求更加自由的消费形式。

（3）互联网技术、物联网技术等新零售的技术基础正在不断提升，
新零售的服务设施快速铺张，包括消费金融、移动支付、生物识别、大数据、
人工智能（AI）等新技术不断成熟，新零售发展的基础已经具备。

（4）大数据、人工智能将会加大与新零售的融合力度，此技术的应
用会加强客户群体的数据化、客户行为特征、客户关系管理、精准营销等
方面带来无可比拟的优势。

（5）在供给端，新零售倒逼生产商，客户个性化需求会得到进一步
保障，柔性供应链成为可能。

（6）新零售带来的是跨产业的深度融合，比如文创、IP 等零售业态，
将进一步融合，新零售情境下，营销的方式正发生巨大变化，向着情感化、

体验化发展。

（7）新零售的线下投入将会使用户体验真正实现，传统销售导向的零售业态正在向顾客需求转型，新零售下零售行业更能回归客户价值。

（8）新品牌将会井喷，在新零售成熟的过程中，面向顾客生活的新品牌将会大量涌现，这将会出现井喷现象。

（9）新零售带来的商业重整，变革是围绕着人、货、场等所有商业元素的重构，未来新零售是否成功的评判标准是重整后的商业元素是否有效，是否为有效率的提升。

（10）新零售模式将会挖掘出更多细分市场，在新零售整合的线上线下一体化数据平台中，顾客的所有消费几乎都有数字足迹可循，这有利于挖掘出更多用户需求，细分市场成为可能。

二、降低成本，获得渠道是新零售的突破口

新零售面临的最大三个挑战无外乎是成本、融合、渠道。一个成功的新零售运营商在一定程度上较成功地克服了这三个问题。相对于传统零售业，新零售确实有无可替代的优越性。举个简单的例子，假如你经营的是一家食品企业，可以轻松地在平台上找到地产商进行店铺选址、装修、市场调研、决策咨询等服务，当上线后，不会线上操作也不要紧，平台上可以轻易找到运营服务商，对后台、门店管理等提供服务，甚至可以获得决策至关重要的大数据服务商，可以免去复杂的流程、繁琐的工作内容，甚至可以足不出户完成公司的所有事宜。

但是，在几乎所有的电商企业及线下零售企业都面临着一个困境，如同围城一般，线上的公司拥有线上数据优势，科技优势却对传统零售业无法替代之，只能是去中心化的平台作用，所以，线上企业都想到线下扩张，获得品牌和客户，也就是线上企业要做线下。而相反，由于没有资金流、信息流、数据流，优势的线下企业感到难施拳脚，都在卯足了劲想去"冲浪"，都想往线上发展。这就带来了最大的问题，线上线下如何融合才是最和谐、高效、科学的，这种转型给企业的人才、资金、制度等带来压力。这其中当然有做得比较好的，比如小米，就是典型的线上企业转型线下扩张，这两年其尤为重视线下，在各城市街道开设的线下体验店、线下服务站与日俱增，这是一种典型的新零售，小米试图通过拓宽线下渠道，并提高线下服务质量来实现其渠道下沉，获得流量的目的。同样的，著名品牌"三只松鼠"从线上转战线下，已经在线下开了八家实体门店。"三只松鼠"通过线上线下的融合发展，实现了自身经营的转折。"三只松鼠"实现了纯品牌的产品转型升级为品牌的文化升级，其零食品牌更加具有特色，并具备自身特色，与识别度高的品牌 IP，这离不开线下建设及投入的力度。但并不是所有新零售企业都如同小米、"三只松鼠"一般具备雄厚的资本及发展基础，更多的线下实体公司存在缺渠道、没流量、推广差、组织结构不合理等问题，在线上发展过程中往往只是烧钱，难见成效。对于线上企业来讲，特别是巨头，想要往线下发展却相对轻松。所以要想突破发展瓶颈，克服巨高无比的新零售运营成本才是最大的突破口。

三、紧跟政策，制定行业标准及准则促进行业健康发展

经过近年发展，我国的电商已经具备相当巨量的规模，并带动了互联网技术、国际贸易的蓬勃兴起，但是国际、国内关于电商的法律、准则、标准的制定一直落后于行业的发展。目前，全球跨境电子商务增速超快，高达 30% 的年增长速度。而国内的电商规模已经相当巨大，其零售额已经超过国内零售总额的半壁江山。在此情况下，制定科学的国际、国内行业规则体系迫在眉睫，很多中国企业，特别是政府已经开始制定新零售行业准则及标准，未来甚至会走上法治路线。

这个标准及行业准则可以促进行业的健康发展。目前，电商行业变化太快，已经从银行卡支付转向了手机移动支付方向，并且这个发展趋势是不可逆的。三年之后可以完成 80% 线下服务的闭环，这种支付方式会带来可识别的用户，可实时地关注客户信息、客户喜好，带来大数据的绝对优势。但是，众所周知，目前国内移动支付仅有微信、支付宝的使用最普遍，基本处于垄断地位，这将限制行业的发展，将会导致线下及线上的中小企业难以突破，甚至只能破产。所以，制定新的科学行业准则势在必行。

四、找准新零售的最贵流量所在

发展新零售，最需要的还是流量，也就是用户群体，很简单，大量忠诚的客户会带来更多的用户，这是一个良性循环，但是，如何瞄准最"贵"的才是吸引流量的突破口，这是 21 世纪最贵的"新生物"。我们可以通

过市场观察来直观感受现在社会主流的客户群，也就是使用新零售、电商最多的人群是什么。甚至可以从身边的不同年代的人群中发现其中的秘密。一个最真实的结果是现在的主流客户群是"Z 代际"，而不是新生的千禧一代，也就是"90 后"，这个庞大的目标群体才是最贵的流量。

"90 后"已经走上工作岗位，并且带有新生代的独特特征，互联网是其生活的重要组成部分。他们的行为带有明显的互联网特征，互联网思维已对这代人的思维方式、生活方式产生了巨大的影响。比如，吃饭自拍、旅游自拍，并第一时间发送至社交媒体，其一天多半时间都是在网络上，社会中很多新的网络语言甚至社会生活习惯都来源于"Z 代际"，他们在逐渐影响其他年龄阶段的人群，成为新零售的主力军，并带给新零售多方位的影响。

五、把握新零售的两大特点

在近年，国家商务部提出了国内市场一体化战略、供给侧结构改革、流通升级战略等举措，目前，商贸领域已步入全新的发展阶段，特别是移动互联网的应用和发展对零售业产生了颠覆性的影响，这种影响是深远的。

那么，要想搭上新零售的时代快车，必须要把握新零售的两大特点：

一是要对我国零售行业抱有乐观的态度，这并不是想象得美好。在中国，目前面临经济转型的振荡过程中，但是对于内需的消费始终强劲，中国消费升级仍在持续地发酵。虽然我国实体经济压力巨大，但零售板块始终是刚需，随着国内中产阶级兴起，新生代互联网人群："80 后""90 后"

　　将成为重要的消费市场，在此同时，更大范围、更大市场的三四线城市正在蓬勃兴起，新零售必将稳步上升。

　　二是新零售之所以不同于传统零售，在于其面向的用户地位发生了改变。新零售强调的是以用户为中心，而不同于传统零售的以产品为中心。这就要求对商品的质量、成本控制等都需要考虑消费者的满意度和忠诚度。并且在互联网购物体验中，还需要强调消费者线下体验、线上互动、平台智能化等高标准才能使顾客满足，在新零售中消费者拥有绝对的主导权。